スタートアップ会計学

第3版

上野清貴・小野正芳 編著

同文舘出版

≪執筆者紹介≫

小野　正芳（日本大学）　　　　　　　　第 1 章

市川　紀子（駿河台大学）　　　　　　　第 2 章

井奈波　晃（広島修道大学）　　　　　　第 3 章

五十川　陽（千葉経済大学）　　　　　　第 4 章

宗田　健一（鹿児島県立短期大学）　　　第 5 章

望月　信幸（熊本県立大学）　　　　　　第 6 章

堀江　優子（明星大学）　　　　　　　　第 7 章

島本　克彦（大阪経済法科大学）　　　　第 8 章

舩津丸　仁（公認会計士）　　　　　　　第 9 章

金子　友裕（東洋大学）　　　　　　　　第 10 章

石山　宏（山梨県立大学）　　　　　　　第 11 章

島永　和幸（神戸学院大学）　　　　　　第 12 章

山下　修平（国士舘大学）　　　　　　　第 13 章

吉田　智也（中央大学）　　　　　　　　第 14 章

中野　貴元（全国経理教育協会）　　　　第 15 章

序　　文

　この本は，いまから会計を学習しようと思っている人を対象とした会計学の入門書です。本書ではこれから，会計ってどういうものなのかということから始まって，会計にはどんな資格があるのかが続き，さらに，会計のさまざまな各領域をわかりやすくしかも丁寧に説明していきます。そこでは，会計のほとんどの領域がカバーされているので，会計の全体的な内容がほぼ理解できるようになり，皆さんの興味にしたがってそれぞれの領域をさらに深く学習するためのよい準備ができると思います。

　いまから本書の内容に入るわけですが，それらを容易に理解できるようにするために，ここで，本書の概要を述べておきます。

　まず，第1章「会計ってなに─くらしと会計─」は，くらしのなかでよく目にする「会計」を取り上げ，そこから「会計」の定義化を試み，さらに「会計」を学ぶことで，どのようなメリットが享受できるかを考えています。この章は会計学入門の章です。

　第2章「会計にどんな資格があるの─会計とキャリア教育─」は，会計を学ぶことにより，どのような資格取得への道が開かれているかを説明しています。そこでは，簿記検定や公認会計士，税理士，国税専門官などが解説されています。

　第3章「会計情報はどう利用するの─財務分析─」は，株主や債権者といった利害関係者が，会計情報をどのように利用して企業を分析するのか，具体的な例を使って説明しています。具体的には，もっともよく使われる分析指標として，自己資本利益率を解説しています。

　第4章「企業の成績はどうやってみるの─財務諸表─」は，企業の健康診断書として，財務諸表のもつ意味と役割を述べています。そこでは，損益計算書，貸借対照表およびキャッシュ・フロー計算書を主として説明しています。

　第5章「会計は企業経営にどう役立つの―管理会計―」は，経営を行ううえで非常に役に立つ知識として，管理会計を身近な実例を交えてわかりやすく解説しています。具体的には，CVP分析（損益分岐点分析）と意思決定の会計が説明されています。

　第6章「モノがいくらでできたかはどうやって決まるの―原価計算―」は，経営の舵取りをうまく行っていくために必要な会計情報として，製品の原価がどのように計算されているのか，原価計算はなぜ必要なのか，その役割と方法などについて解説しています。

　第7章「会計情報はどうやってつくられるの―簿記入門―」は，企業の利益や財産などを表す会計情報がどのように作成されるのかを理解するために，簿記の作業の大まかな流れを説明しています。この章は企業の経済活動を記録する複式簿記入門の章です。

　第8章「会計制度はどうなっているの―制度会計―」は，損益計算書や貸借対照表などの財務諸表を作成し公表する法律として，主に会社法，金融商品取引法，法人税法に基づいて行われている企業会計の制度について説明しています。

　第9章「財務諸表は信頼できるの―財務諸表監査―」は，企業が公表する財務諸表が信頼できるものかどうかをチェックするために，監査が行われますが，その監査の必要性や監査が必要な会社，監査意見の種類などを解説しています。

　第10章「会社の税金はいくらになるの―税務会計―」は，会社の税金である法人税および法人税法を中心に説明しています。そこでは，税金の種類，企業会計と税務会計の異同点，法人税の課税所得の計算方法，法人税の申告書の作成方法などが解説されています。

　第11章「グローバル経済における会計ルールってなに―国際会計―」は，グローバル経済における財務会計ルールのあり方について説明しています。具体的には，国際会計基準審議会（IASB）の国際財務報告基準（IFRS）を中心に解説しています。

　第12章「持続可能な社会づくりに会計はどう貢献できるの―SDGs・ESGと会計報告―」は，SDGs・ESGに関連する会計という比較的新しい応用的分

野を紹介し，持続可能な社会づくりを目指して，企業の社会的責任に対する会計の役立ちを考察しています。

　第13章「ボランティア活動にも儲けが必要なの― NPO の会計―」は，市民活動を支える存在として注目されている NPO（非営利組織）における会計を解説し，これによって，会社以外の組織における会計の役割について考察しています。

　第14章「自治体の会計はどうなっているの―公会計―」は，生活に欠かせない存在である政府（自治体）の会計について，説明しています。そこでは，公会計と企業会計の異同点，公会計の会計報告書，その分析方法などが実例を交えて解説されています。

　そして，第15章「簿記・会計はどこからやってきたの―簿記・会計史―」は，本章までの会計学や会計制度がどのようにして成り立ち，どのようにして発展したのかを，人間の経済社会とその歴史的背景を踏まえながら，簡潔にしかも的確に説明しています。

　以上が本書の概要ですが，本書を作成するにあたって，これを特徴的なものにしようと執筆者一同で話し合い，その結果，本書を次のようにしました。これが本書の特徴ということになります。

① 　会計を学習しようとする場合，通常は簿記の学習から始めますが，本書は簿記の結果としての会計情報の利用方法から学習を始めています。簿記がわからなくても会計を理解することができるということを本書で示そうとしました。さらにいいますと，会計情報の利用方法から学習を始めたほうが，会計の役立ちや社会への貢献がわかり，学習者にとって興味がわきやすくて会計全体を理解しやすいとの考えから，このようにしました。

② 　本書は会計学の入門書ですが，会計の各領域をさらに深く学習したい人のために，各章の終わりに《ステップアップ》として，各領域の応用的な著書を参考文献としてあげておきました。これによって，各人の興味に応じて会計をさらに理解するための道筋をつけました。

③ 　私たちは会計を学習するためにはなんらかのインセンティブが必要であ

ると考えました。それが資格試験であると考え，まず第2章で会計にどんな資格があるのかを説明するとともに，関係する各章の終わりに《資格試験に向けて》を設けて，資格試験の話をしておきました。

　幸いなことに，上記に記した本書の企画主旨に多数の大学教員の先生方からご賛同を得られ，短期間の間に増刷を重ねることができ，その間にいろいろと貴重なご意見も寄せられました。これらの方々のご意見も一部反映して，ここに改版し第3版として刊行できるのは，編者として，望外の喜びとするところです。なお，第3版の改版のポイントは，以下の通りです。

① 　第2章「会計にどんな資格があるの―会計とキャリア教育―」において，簿記検定試験の実施形態等が変更されたので，説明を新しくしました。

② 　第12章「持続可能な社会づくりに会計はどう貢献できるの―SDGs・ESGと会計報告―」において，新たに世界的なトレンドであるSDGs・ESGを取り上げ，会計報告の役立ちを説明しています。

③ 　そのほか，各章において，最新のデータや資料を掲載しました。

　本書はあくまでも会計学の入門書であり，会計の学習を「スタートアップ」させるための著書です。さらには，最新の現代会計を総合的に理解するための架け橋となることを意図したものです。したがって，本書を読み終えたあとには，さらに次の段階に進み，各人の興味にしたがって，より発展的な会計学の著書を読んでいただくことを希望します。

　最後になりましたが，同文舘出版の取締役専門書編集部部長・青柳裕之氏と同編集部・有村知記氏にお世話になりました。ここに，改めて心より謝意を述べさせていただきます。

　2022年3月10日

編者　上野清貴　小野正芳

スタートアップ会計学◆目次

第 **4** 章　企業の成績はどうやってみるの — 53
—財務諸表—

第 **5** 章　会計は企業経営にどう役立つの — 71
—管理会計—

第 **6** 章　モノがいくらでできたかは どうやって決まるの ———— 85
—原価計算—

スタートアップ会計学 (第3版)

第1章

会計ってなに
―くらしと会計―

本章のポイント

① 数には価値を含まないものと含むものとがありますが，会計における数は後者です。

② 個人における小遣い帳や家計簿は，立派な会計ツールです。

③ 組織における会計帳簿は，企業内部の財産管理とともに企業外部への報告に役立ちます。

④ 会計にはストックとフローの2つの側面があります。

⑤ 会計は，営利企業，官公庁，NPO法人など，経済主体に応じさまざまな方式があります。

⑥ 営利企業における基本的な決算書は，貸借対照表と損益計算書です。

　私たちの日々のくらしのなかでは，「数」があふれています。今朝起きてから，今に至るまでを思い起こしてください。起床時刻や通学電車の乗車時刻，出席した講義時限やその講義の出席者数，購入したノートや日替わりランチの金額。これらのうち，会計の対象となるものとならないものは，何によって識別されるのでしょうか。会計は「数」を媒体としてくらしに役立つものですが，果たしてその本質は何でしょうか。本章では，くらしのなかでよく目にする「会計」を取り上げ，そこから「会計」の定義化を試み，さらに「会計」を学ぶことで，どのようなメリットが享受できるかを考えます。

1. くらしと数

 価値を含まない数

　皆さんは小学生の頃から，算数や数学という教科を通じて，「数」について慣れ親しんできたことと思います。なかには，高校における学習過程で，微分・積分のようにかなり高度な知識を習得し，さらに続きを勉強しようと理系の大学などに進んだ人もいるかもしれませんが，本書を手にする人の多くは文系に進んでいることでしょう。そこで一度基本に立ち返り，生活の中で「数」がどのような役割をもっているのか考えてみましょう。

　いまここで，大学1年生であるA男君とB子さんに，「あなたが大事にしているモノをあげてください」と質問しました。A男君は，日々の通学に必要な自転車1台，調べ物やゲームに使うノートPC1台，さらに高校時代から付き合っている彼女から大学合格祝いにもらった手編みのセーター1着をあげました。B子さんは，外出先に応じて使い分けているブランドもののバッグ2個，友達や家族との通信手段であるスマートフォン1台，1人ぐらしの寂しさを紛らわせるテレビ1台，さらに上京するさい両親からもらったお守り1体をあげました。

　A男君とB子さんの大事にしているモノを比べてみましょう。A男君は，1台の自転車と1台のノートPCと1着のセーター。B子さんは，2個のバッグと1台のスマートフォンと1台のテレビと1体のお守り。ここで，A男君とB子さんのどちらがより多くの大事なモノをもっているかについて考える場合，A男君は1台＋1台＋1着で3つ，B子さんは2個＋1台＋1台＋1体で5つ，よってB子さんのほうが多いと考える人はいないと思います。ここでの「3つ」や「5つ」という数は，個数としての自然数を意味しているものの，その価値が考慮されていないからです。それぞれのモノについている数詞がバラバラであることからも，それがわかると思います。

公分母としての数

　A男君とB子さんの大事にしているモノを比べるにさいし，その価値を踏まえた共通尺度で考えるとすれば，どのような方法があるでしょうか。たとえば重量という尺度が考えられるかもしれません。A男君の自転車が15kg，ノートPCが2.5kg，手編みのセーターが0.5kgとすれば，15kg＋2.5kg＋0.5kg，合計で18kgになります。B子さんのバッグが1.1kgと0.8kg，スマートフォンが0.2kg，テレビが6.8kg，お守りが0.1kgとすれば，1.1kg＋0.8kg＋0.2kg＋6.8kg＋0.1kg，合計で9kgになります。18kg対9kg，よって今度はA男君のほうが多いと考えるかといえば，これもしっくりきませんね。

　それでは，購入金額という尺度はどうでしょうか。A男君の自転車が38,000円，ノートPCが112,000円，手編みのセーターが0円とすれば，38,000円＋112,000円＋0円，合計で150,000円です。B子さんのバッグが24,000円と32,000円，スマートフォンが45,000円，テレビが49,000円，お守りが0円とすれば，24,000円＋32,000円＋45,000円＋49,000円＋0円，合計で150,000円です。よってこの場合は，A男君とB子さんが大事にしているモノは同じ数になります。ただしこの場合でも，A男君の手編みのセーターやB子さんのお守りは贈り物のためプライスレスであり，それらが対象から漏れてしまうという問題はあります。また，購入時の価値と現在の価値とは異なるという問題もあるかもしれません。それでも，先の3つ対5つ，18kg対9kgよりも，かなり合理的なように思えませんか。

　ここでは，個人を前提として考えてみましたが，これは企業や自治体などの組織であっても同じことでしょう。私たちは日々のくらしのなかで，数を一定の共通尺度（＝公分母）である**貨幣単位**（円）で測定し，それを基にさまざまな判断をしているのです。貨幣単位による数の把握はオールマイティではないものの，多くのシーンで合理的な判断が得られるからです。このように，会計では貨幣単位で物事を把握する点に大きな特徴があります。

2. 会計の基本概念

 ### 日常用語としての「会計」

　「会計」という用語を，皆さんはこれまでどのようなシーンで使ってきましたか。まず，たいていの人が真っ先に思いつくのは，お店で買い物をするさいの「お会計」ではないでしょうか。多くのお店では，支払場所がわかるように，「お会計」のような案内表示が天井から吊されていたりします。また，かつて経験した文化祭など，一定の組織で何かの行動を起こしたことを思い出してください。そのさいに必要とされる役割として，「会計係」はありませんでしたか。これら以外にも，社会人であれば別の「会計」に接している人もいるかもしれませんが，ここではさしあたり，「お会計」と「会計係」に限定してみましょう。

　「お会計」と「会計係」，共通点は何でしょうか。それはおカネを扱うことといえるでしょう。「お会計」はモノやサービスの取得と対価の支払いという経済行為に関する言葉であり，「会計係」は購買係，販売係などと並ぶ組織内での役割に関する言葉ですから，次元は異なりますが，ともにおカネが関わってくる点が重要なポイントといえそうです。

 ### 個人と会計

　会計は，どうやらおカネが絡むらしいことがわかりました。ところで，これまでに皆さんは，小遣い帳や家計簿をつけた経験がありますか。多くの場合，**小遣い帳**は親からおカネの大事さを子供に教える意味も含め，つけるように勧められたことでしょう。それでも子供のうちは，小遣いが足りなくなれば親が補充してくれることもあるでしょう。しかし，大学生として1人ぐらしを始めたり，あるいは今後家庭をもつようになれば，そう簡単には不足したおカネが補充されるものではありません。そこで，**家計簿**が有効となるのです。

　ここでの小遣い帳と家計簿は，基本的に同じ構造だと考えてください。つまり，収入と支出をその都度記録し，さらに残高も記録しておく形式です。これによって，少なくとも生活するうえで何より大事なおカネの管理が可能となります。子供がつけている小遣い帳であれば，小遣いが不足し，親に補充をねだるとき，無駄遣いをしていないことを証明する手段にもなります。また，主婦がつける家計簿であれば，おカネが貯まってきたときに夫に，旅行に行こうとか，自家用車を買おうとかの提案をするための格好の材料となるでしょう。

　このように，個人でつける小遣い帳や家計簿ですが，これらは立派な会計の一形態といえます。その役割は次のように整理できるのではないでしょうか。

① 誰が　　　　　　⇒ 子供が／主婦が
② 誰に　　　　　　⇒ 親に／夫に
③ どのような目的で ⇒ 小遣いの補充のために／旅行や自家用車購入計画のために
④ 何を　　　　　　⇒ 収入と支出の事実を
⑤ どのような方法で ⇒ 貨幣金額で記録して
⑥ どうする　　　　⇒ 伝達する

 ## 組織と会計

　個人の場合，親や夫に対し，小遣いの補充や旅行などの計画のために，小遣い帳や家計簿は有効となるでしょうが，絶対に必要というほどのものではないかもしれません。親子だから，夫婦だから，そんなものがなくても何とかなるというところでしょうか。しかし，これが営利企業や官公庁などであれば，そうはいきません。

　ここでは，身近な組織である営利企業を取り上げてみましょう。営利企業の基本的組織形態は，株式会社です。**株式会社**とは，株式を発行し投資家から出資を受け，その資金で活動する会社です。事業で利益が得られれば，株価の上昇という形で株主も利益を得られ，また，所有株式数に応じて配当金を受け取ることもできます。株式会社制度では，出資を行う人（株主）と事業を行う人

（経営者）が別人でも構わないため，ビジネス能力に長けている人は，自己資金がなくても株主からの出資により事業ができます。反対に，ビジネス能力に自信がないものの自己資金が豊富な人は，出資によりさらに自己資金を増やすことができます。まさしく資本主義経済にうってつけの組織形態といえます。

　このような株式会社では日々さまざまな活動を行っており，会計帳簿という帳面（現代は，ほとんどが PC 入力ですが）に，すべての活動を記録しています。その原型は，個人の場合の小遣い帳や家計簿と同じと考えて差し支えありません。ただし，個人と異なり，株式会社の行為は必ずしもおカネが動くものばかりとは限りません。毎日大量に販売を行う相手に対しては，その都度現金決済など行わず，翌月末など一定日にまとめて決済を行います（これを**信用取引**といいます）。

　しかし，その場合でも，販売取引（売上）を行った事実は間違いないため，その都度記録するのです。また，営業のために自動車を使う場合，その購入時はもちろん記録しますが，使っている間に徐々に価値が低下するために，使用期間にわたって費用として記録します（これを**減価償却**といいます）。個人と異なり，株式会社の場合，収入と収益，支出と費用は切り離されるのです。それでは，株式会社の場合，これらの記録は何のために行われるのでしょうか。

　株式会社にあって経営者は，株主からの出資に対し，事業成果の報告義務を負います。そこで利益が生じていれば株価に影響も及ぼし，また，株主への配当金も生じるわけですから，その報告内容はきわめて重要です。その報告書は**決算書**ともよばれ，とりわけ貨幣金額に関わる決算書は**財務諸表**とよばれます。この財務諸表は，株主に対する報告義務に利用されるほか，銀行からの借入や，官公庁への各種申請など幅広く利用されます。いずれにせよ株式会社の会計帳簿は，財務諸表作成のために必須の手段といえます。

　このように，株式会社で作成される会計帳簿ですが，これもむろん会計の一形態といえます。その役割を個人と同様に整理すれば，次のようになるでしょう。

① 誰が　　　　　　　⇒　経営者が
② 誰に　　　　　　　⇒　株主に／銀行に
③ どのような目的で　⇒　出資継続のために／資金融通のために

④ 何を　　　　　　⇒　さまざまな取引事実を

⑤ どのような方法で　⇒　貨幣金額で記録して

⑥ どうする　　　　　⇒　伝達する

 ## 「会計」の定義

　個人の場合でも，組織（株式会社）の場合でも，会計の出発点は貨幣単位による日々の記録にあることがわかりました。そこでこれら個人や組織の具体的な行為から，「会計」を抽象化（定義化）すべくまとめたものが，図表1-1です。

　この図表は，先に述べてきた個人と組織の具体例を一覧化したうえで，両者に共通する言葉を当てはめて抽象化したものです。ここで，抽象化の欄に文章的修飾を加えると，次のような文章が完成されるのではないでしょうか。

　「①経済主体が，②情報の利用者に，③適切な意思決定をできるように，④経済活動を，⑤記録・測定して，⑥報告する」

　これに，文頭（主語）と文末を加え，多少の文体調整を施せば，次のようになります。本書では，さしあたりこれをもって「会計」の定義としましょう。

　「**会計**とは，情報の利用者が適切な意思決定をできるように，経済主体の経済活動を記録・測定して報告する手続きである。」

図表 1-1　「会計」の抽象化

項　目	具体的行為		抽象化
	個人	組織（株式会社）	
①誰が	子供が／主婦が	経営者が	経済主体
②誰に	親に／夫に	株主に／銀行に	情報の利用者
③どのような目的で	小遣いの補充のために／旅行や自家用車購入計画のために	出資継続のために／資金融通のために	適切な意思決定
④何を	収入と支出の事実を	さまざまな取引事実を	経済活動
⑤どのような方法で	貨幣金額で記録して		記録・測定
⑥どうする	伝達する		報告

会計における 2 側面

　さしあたり，本書なりに「会計」を定義することができました。次章以降，会計をさまざまな視点から各論として論じますが，すべてに共通する会計の重要な考え方を確認しておきましょう。会計には「ストック」と「フロー」という 2 つの側面があり，それらは有機的に結びついているということです。文字どおり，「ストック」とは「有高」を意味し，「フロー」とは「流れ」を意味します。これらを容易に理解するために，ある自治体（市町村など）の人口動態をイメージしてみましょう。

　X 市は，t_1 年度初の人口が 65,000 人でした。t_1 年度中における出生者数は 600 人，死亡者数は 500 人，転入者数は 2,300 人，転出者数は 2,000 人でした。この結果，t_1 年度末の人口が，65,400 人となりました。これを算式として示せば，次のようになります。

　　　65,000 人 + 600 人 − 500 人 + 2,300 人 − 2,000 人 = 65,400 人

　さらにこれを人口増加の要素である出生者数と転入者数でくくり，同様に人口減少の要素である死亡者数と転出者数でくくれば，次のようになります。

　　65,000 人 + (600 人 + 2,300 人) − (500 人 + 2,000 人) = 65,400 人

　上記等式の起点である t_1 年度初の人口 ［65,000 人］ と，計算結果となる t_1 年度末の人口 ［65,400 人］ が，ストックの概念です（アミ掛け部分）。ある一時点での数量という意味です。これに対し，t_1 年度初の人口 65,000 人が年度末の人口 65,400 人に変化する原因となる計算過程 ［+ (600 人 + 2,300 人) − (500 人 + 2,000 人)］ が，フローの概念です（波下線部分）。ある一定期間での変化量という意味です。一見するとあたりまえの関係ですが，これは会計を理解するうえで，きわめて重要な概念となります。見方を変えれば，ストックは結果であり，その原因はフローにあるということもできます。次に，これを家計簿のおカネに置き換えてみましょう。

　C 君の t_1 年度初に所持するおカネは 200,000 円でした。t_1 年度中における仕送りは 540,000 円，アルバイト収入は 720,000 円，家賃支出は 480,000 円，その他の支出は 750,000 円でした。この結果，t_1 年度末のおカネが 230,000 円と

なりました。これを算式として示せば次のようになります。

$$200{,}000\,円 + (540{,}000\,円 + 720{,}000\,円) - (480{,}000\,円 + 750{,}000\,円) = 230{,}000\,円$$

図表 1-2　ストックとフロー（1）

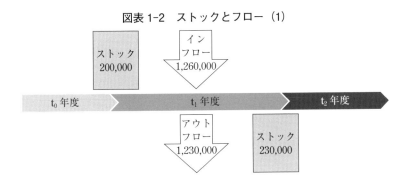

　このようなストックとフローの関係は，株式会社や自治体などの組織でも同じです。そしてそれら組織では，ストックとフローを別々の報告書（財務諸表）として作成し，株主，銀行などの情報利用者に提供されることになっています。営利企業である株式会社を前提とすれば，ストックを示す報告書が**貸借対照表**とよばれ，フローを示す報告書が**損益計算書**とよばれます。なお，情報利用者の多くは，経済主体と利害関係を有していることから，**利害関係者**（ステークホルダー）ともよばれます。

> **コラム**　**会計史家 A. H. ウルフの名言**
>
> 　「会計の歴史は概して文明の歴史である。…，文明は商業の親であり，会計は商業の子供である。したがって，会計は文明の孫に相当することになる。」（片岡義男＝片岡泰彦訳［1977］『ウルフ会計史』法政大学出版局。）

3. 会計の位置づけ

 会計と簿記

　皆さんは「簿記」という言葉を耳にしたことがありますか。簿記は会計を重視する教育機関，すなわち商業高校，大学の商学部や経営学部において，必修科目になっている場合も多いようです。それでは，簿記と会計はどのような関係にあるのでしょうか。

　簿記の原語は"bookkeeping"です。明治時代に欧米から伝播したこの単語の発音を，当時の日本人は「ボキ」と聞きとり，そこに「簿記」という漢字を当てはめたという説もあるほどです。それはさておき，ここでの"book"は帳簿であり，それを"keep"する（この場合は日記などを「つける」と同じ意味でしょう）という意味が込められている語です。日本古来の商家で用いられていた大福帳は，近代簿記の帳簿と同等のものと考えられます。

　そもそも簿記は，何のためにあるのかといえば，一義的には**財産管理**のため

図表 1-3　簿記・会計・財務報告

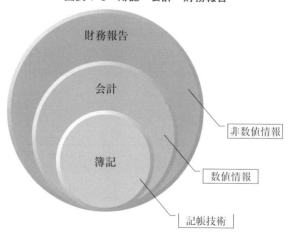

といえます。ですから，小遣い帳や家計簿といった単純なものでも，さしあたりその目的は達せられるといえます。組織における会計帳簿もまた同じです。そして，その機能に加え，利害関係者への報告機能までもたせることで，簿記は会計へと発展します。逆からいえば，利害関係者への報告をゴールとする会計という領域は，簿記という技術なしには達しえないということなのです。そのため，商業を学ぶ者は，まず簿記を学習するのが王道といえるのです。なお，利害関係者への財務報告の内容は，数値（貨幣単位）情報と非数値情報からなります。これらの包摂関係を図にすれば，図表 1-3 のとおりです。

　会計の領域

　会計を上記のように広く定義したとき，それぞれの各論に進む前にその全体像を俯瞰しておくことは有意です。全体像を理解せずに各論を学習する行為は，ともすると「木を見て森を見ず」といった状況になりがちだからです。会計の領域を図にすれば，図表 1-4 のようになります（アミ掛けの領域は，本書で独立した章が設けられています）。

図表 1-4　会計の領域

会　計							監　査
	簿　記						
	マクロ会計	公会計					
	ミクロ会計	非営利会計					
		企業会計	管理会計	原価計算			
			財務会計	制度会計 （財務諸表）	会社法会計		
					金商法会計		
					税務会計		
					国際会計		
			非制度会計	環境会計			
		財務分析					

　まず，簿記と会計の関係は先に触れたとおりです。そのうえで，会計は対象の大きさにより，マクロ（巨視）とミクロ（微視）に大別されます。マクロ会計は国家や自治体の会計，すなわち**公会計**です。ミクロ会計は営利目的か否かにより企業会計と非営利会計に大別されます。**非営利会計**は NPO や NGO といった非営利団体の会計です。

　営利会計は企業会計ともよばれ，情報提供先が経営者か否か，すなわち利害関係者が内部か外部かによって，管理会計と財務会計に大別されます（利害関係者については図表 1-5 を参照）。なお，これらの情報提供とは別に，営利企業の情報を一定目的において利用する領域が**財務分析**です。外部報告会計である財務会計は，その報告が一定の法制度で義務づけられているか否かによって**制度会計**と非制度会計に大別されます。

　制度会計は，会社法，金融商品取引法，法人税法のそれぞれで会計の取り扱いが異なるため，それぞれ固有の領域として，会社法会計，金商法会計，**税務会計**を形成します。また，海外の投資家から資金を調達する企業においては，日本とは異なる会計ルールが必要となる場合があります。その領域が**国際会計**です。非制度会計は法制度で義務づけられている会計ではないものの，積極的に取り組むことでその企業の社会的責任などを果たそうとする領域であり，近年重要性が叫ばれているものに**環境会計**などがあります。

　管理会計は内部報告会計であり，企業経営者に情報を提供する領域です。と

図表 1-5　企業の利害関係者と会計領域

主たる利害関係者	企業との接点	利害関係	会計領域
経営者	内部	意思決定・業績管理	管理会計
株主	外部	経営者モニター	財務会計
社債権者			
潜在的株主・潜在的社債権者		投資収益予測	
銀行		貸付業務	
従業員		給与・賞与獲得	
地域住民		環境保全	
国・地方自治体		徴税業務	

りわけ製造業においては，その技術として**原価計算**が用いられます。なお，以上は会計を実践するサイドの各領域ですが，上場企業など社会的影響の大きい企業にあっては，作成された報告書等に虚偽がないかを，独立した第三者である公認会計士によって事後的にチェックされます。その領域が**監査**です。

　皆さんのなかで，親の商売を継いでいずれは社長になろうという意志をもつ人がいるならば，管理会計を学ぶことはきわめて有意義です。また，国家公務員や地方公務員になるのであれば公会計，NPO 団体を立ち上げたければ非営利会計を学ぶことは，将来のためになります。そこまで将来の目的は決まっていないという人であっても，いずれ自己資金を増やそうかという時期は必ず来ます。そのときに会計の知識があるのとないのとでは，その成果において大きな差がついてしまいます。したがって，企業の成績表である決算書が読める力をつけるために，財務会計や財務分析は社会人として最低限身につけておくべきといえます。

　ともすると，「会計の勉強なんて，将来会計専門家になるのでなければ関係ないや」と思いがちですが，けっしてそんなことはないのです。よりよい人生を切り開くために，興味をもっていろいろな会計領域の扉を開けてみることをお勧めします。

 ## 企業会計における中心的決算書

　大学生の大半は，大学卒業と同時に就職することでしょう。仕事としては，官公庁などの公務員や教師というケースもあるでしょうが，圧倒的多数の就職先は民間企業かと思います。それでは，民間企業を就職先にする場合，何を手がかりに意思決定しますか。電子デバイスが格段の進歩を遂げた今日，PC を駆使し，インターネットで就職したい企業のウェブサイトを閲覧する学生は多いようです。むろんそれ自体はおおいに結構なことです。ただ，企業が自主運営するウェブサイトを閲覧するさい，企業理念や取扱商品の紹介などには目が向くものの，企業の経営状況までチェックしている学生はまだまだ少数派のようです。知名度が高い企業，自分の生活になじみが深い企業であったとしても，

図表 1-6　日本における会社の階層

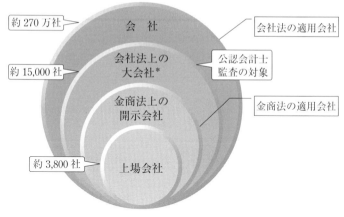

＊資本金 5 億円以上または負債 200 億円以上の会社

実は経営状況は芳しくなく，就職直後に倒産してしまう可能性がまったくないとはいえません。それを回避する方法の 1 つが，法定開示書類である決算書（財務諸表）のチェックです。

　現在，我が国は約 270 万社もの会社があります（図表 1-6）。これらはすべて会社である以上，会社法という法律の規制を受け，決算書（計算書類）を開示しています。開示場所は，日刊新聞紙，官報の他，企業のウェブサイトでもよいことになっています。さらに，そのうち一握りの有名企業は株式を証券市場に上場しており，その結果，金融商品取引法の規制をも受けています。この場合も，当該法律の規制に基づき，詳細な決算書（財務諸表）を開示しています。これらの決算書は，すべて同一の書式で企業の経営状況が読み取れるようになっており，就職先を選別するさいの大事な資料になりうるのです。そこで本章の最後に，会社法に基づく決算書として，貸借対照表と損益計算書の実例を掲げ，その基本的な意味を紹介します（図表 1-7）。

　貸借対照表は，先に説明した会計のストック面に関する報告書です。ある事業年度末現在の有高の一覧です。左側に現預金や土地など積極財産である**資産**，右側には借入金など消極財産である**負債**がまず記載され，負債の下に正味財産

図表 1-7　決算書の実例

第 21 期 決 算 公 告				
令和3年1月19日	東京都品川区大崎一丁目11番1号		**損益計算書の要旨**	
	シーメンス株式会社		(自　2019年10月 1 日)	
	代表取締役社長　堀田　邦彦		(至　2020年 9 月30日)	
			（単位：百万円）	
貸借対照表の要旨（2020年9月30日現在）（単位：百万円）			科　　　　　目	金　額
資 産 の 部		負債及び純資産の部	売 上 高	45,799
流 動 資 産	27,996	流 動 負 債	14,395	売 上 原 価	35,169
固 定 資 産	4,060	（賞与引当金）	(954)	売 上 総 利 益	10,630
		固 定 負 債	1,235	販売費及び一般管理費	8,085
		（退職給付引当金）	(874)	営 業 利 益	2,544
		株 主 資 本	16,425	営 業 外 収 益	33
		資 本 金	4,336	営 業 外 費 用	221
		資 本 剰 余 金	3,204	経 常 利 益	2,357
		資 本 準 備 金	3,104	特 別 利 益	3,905
		その他資本剰余金	99	税引前当期純利益	6,262
		利 益 剰 余 金	8,885	法人税、住民税及び事業税	2,105
		その他利益剰余金	8,885		
資 産 合 計	32,057	負債・純資産合計	32,057	法人税等調整額	△57
				当 期 純 利 益	4,213
(注) 記載金額は、百万円未満を切り捨てて表示しております。				

である**純資産**（株主資本）が記載されます。貸借対照表の作成方法や読み方は
あとの章で触れますが，貸借対照表によって情報利用者は企業の1時点のス
トック状態を把握することが可能となります。このことを伝統的な会計では，
財政状態とよんでいます。

　一方，損益計算書は，先に説明した会計のフロー面に関する報告書です。あ
る事業年度中の流れの一覧です。貸借対照表と異なり左右に分けず，売上高な
どインフローである**収益**とそれに見合う売上原価や給料などアウトフローであ
る**費用**が対比して記載され，両者の差額である**利益**が段階的に記載されます。
損益計算書の作成方法や詳細な読み方もあとの章で触れますが，損益計算書に
よって情報利用者は企業の1期間のフロー状態を把握することが可能となりま
す。このことを伝統的な会計では，**経営成績**とよんでいます。

コラム　2通りの利益計算

　図表 1-7 に掲げた貸借対照表と損益計算書を，いま一度見てください。貸借対照表の右下に「その他利益剰余金」，損益計算書の末尾に「当期純利益」があり，当年度の「当期純利益」は当年度末の「その他利益剰余金」に含まれています。これは，まさしくストック計算とフロー計算が利益数値でつながっていることを示しているのです。いうなれば，ストック計算がなされる貸借対照表には結果としての利益が記載され，その原因を探るためにはフロー計算がなされる損益計算書の内訳を見ればよいのです。

図表 1-8　ストックとフロー　(2)

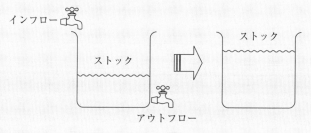

《練習問題》
1) 会計帳簿と決算書（財務諸表）の違いは何ですか。
2) あなたが将来目指す仕事と関連の深い会計の領域は何ですか。
3) 一定期間の利益が 2 つの方法で測定できる原理について説明してみよう。

《ステップアップ》
上野清貴監修［2015］『人生を豊かにする簿記―続・簿記のススメ―』創成社。
上野清貴［2015］『財務会計の基礎（第 4 版）』中央経済社。
小野正芳編著［2021］『27 業種別　簿記・会計の処理と表示』中央経済社。

第2章

会計にどんな資格があるの
―会計とキャリア教育―

本章のポイント

① 会計を学ぶことにより，どのような資格取得への道が開かれるのか，会計に関わる主な資格を紹介します。

② 企業や職場の常識を学ぶということは，会計の基礎知識を学ぶことにもつながります。社会に出れば，会計の知識は皆さんを守ってくれる武器になります。将来，自信をもって仕事をしていくうえでも，ぜひ会計の知識を身につけましょう。

　本章は，会計を学ぶことにより，どのような資格取得への道が開かれているかを学びます。書店にたくさん並んでいるさまざまな資格紹介の本をみますと，「人気資格ランキング」のなかでは，毎回のように「簿記検定」や「公認会計士」「税理士」などが登場しています。少しでも興味をもった人は，ぜひチャレンジしてみてください。

1. 会計資格でキャリアアップ

　会計に関わる資格は多くあります。そのなかでも，簿記検定や，公認会計士・税理士などの資格の名前を聞いたことがある人も多いと思います。会計のスペシャリストとして活躍するための基本となる資格は**簿記検定**です。図表2-1のように，順番に上位の資格を取得していくことがキャリアアップにもつながります。

図表2-1　会計資格でキャリアアップ

簿記検定初級・基礎	⇨	簿記検定3級	⇨	簿記検定2級	⇨	簿記検定1級・上級	⇨	公認会計士・税理士

　なお，これらの資格は企業活動を数字で記録する技術を問うため，経理のための資格と捉えられがちですが，数字に裏づけされた営業交渉力や得意先の評価，企画力などが必要になってくる社会で生きていくために必要な技術を身につける資格であるとも言えます。

　企業が倒産することが稀でなくなってきた現代において，数字に裏づけされた具体性はますます必要になってくるでしょう。将来，どのような業種・職種に就こうとも，企業の意思決定に直接影響を及ぼす会計の知識を知っておくことは必要です。経理職を希望しないから会計の知識は必要ない，という時代ではなくなってきているのです。

　また，将来，家計管理をするうえでも，会計の知識は必要です。自分の身，ひいては家族を守っていくためにも，何事も「どんぶり勘定」ではいけません。教養として会計の知識も身につける必要があるでしょう。

2. 簿記検定

　検定試験にはさまざまなものがあります。主として，公益社団法人全国経理

教育協会が実施する全経簿記能力検定試験（以下，**全経簿記**と略します），日本商工会議所・各地商工会議所が実施する日本商工会議所および各地商工会議所主催簿記検定試験（以下，**日商簿記**と略します），公益財団法人全国商業高等学校協会が実施する簿記実務検定試験（以下，**全商簿記**と略します）などがあります。また，一般財団法人建設業振興基金が実施する建設業経理士検定試験・建設業経理事務士検定試験，さらには一般財団法人日本ビジネス技能検定協会（一般社団法人全国農業経営コンサルタント協会による監修）が実施する農業簿記検定などがあげられます。

　海外展開に対応するグローバルな人材の育成を目的として東京商工会議所が実施する BATIC（国際会計検定）や，財務諸表に関する知識や分析力を問い，財務諸表が表す数値を理解し，ビジネスに役立てていくことに重点をおいた大阪商工会議所が実施するビジネス会計検定試験などもあげられます。これら以外にもさまざまな資格がありますが，図表2-2では，全経簿記，日商簿記，全商簿記を取り上げています。

　公益社団法人全国経理教育協会ホームページ「簿記能力検定試験とは」[1]のなかでも紹介されていますが，簿記能力検定試験は将来，企業で経理事務を担当しようとしている人には必須の検定試験です。どのような組織においても，優れた簿記能力・経理能力は常に求められているので，資格を取得すれば就職のさいには心強いスキルとなります。また全経簿記上級に合格すると，税理士試験の受験資格が与えられます。

　また，日本商工会議所・各地商工会議所ホームページ「企業が求める資格」[2]のなかでも紹介されていますが，日商簿記2級が「企業が応募者に求める資格ランキングトップ10」で第1位，「今後取得したい資格ランキング」で第6位に入るなど，日商簿記は，企業，受験者，双方からきわめて高い評価を得ています。また日商簿記1級に合格すると，税理士試験の受験資格が与えられます。なお同ホームページ内「エントリーシート記入例」も参考にされるとよいでしょう。そこでは日商簿記の検定試験に向けて懸命に学習し合格した体験は，就職

---

[1] 〈http://www.zenkei.or.jp/license/bookkeeping.php〉
[2] 〈https://www.kentei.ne.jp/bookkeeping/usage/rankings〉

図表 2-2　簿記検定試験の比較

(2021 年 9 月現在)[＊]

名称(略称)	試験実施月	受験料（税込）		主催団体
全経簿記	5 月・7 月・11 月・2 月 ※「上級」は 7 月と 2 月の年 2 回の施行	上級	7,800 円	公益社団法人 全国経理教育協会
		1 級商業簿記・会計学	2,600 円	
		1 級原価計算・工業簿記	2,600 円	
		2 級商業簿記	2,200 円	
		2 級工業簿記	2,200 円	
		3 級商業簿記	2,000 円	
		基礎簿記会計	1,600 円	
日商簿記	統一試験 6 月・11 月・2 月	1 級	7,850 円	日本商工会議所 ・各地商工会議所
		2 級	4,720 円	
		3 級	2,850 円	
	ネット試験 ※試験日はホームページ参照 ※ 2 級・3 級は事務手数料 550 円（税込）が別途発生	2 級	4,720 円	
		3 級	2,850 円	
		簿記初級	2,200 円	
		原価計算初級	2,200 円	
全商簿記	1 月・6 月	1 級会計	1,300 円	公益財団法人 全国商業高等学校 協会
		1 級原価計算	1,300 円	
		2 級	1,300 円	
		3 級	1,300 円	

＊詳細は各団体のホームページを確認してください。
（出典）　下記ホームページをもとに作成。
　　　公益社団法人全国経理教育協会「簿記能力検定 受験料・試験時間」2021.09.30 参照。
　　　日本商工会議所・各地商工会議所「2021 年度試験日程カレンダー　簿記」2021.09.30 参照。
　　　公益財団法人全国商業高等学校協会「簿記実務検定試験　検定の内容」2021.09.30 参照。

活動をするうえで自己 PR の大きな材料になることが示されています。

　試験実施面では，同ホームページ内「日商簿記検定試験（2 級・3 級）ネット試験について」（2021 年 6 月）^{＊3)}，「2021 年度からの新たな日商簿記検定試験のコンセプトなどについて」（2021 年 8 月）^{＊4)}にあるように，日商簿記ではネット試験が導入されています。日商簿記の新たな 4 つのコンセプトは以下のとおりです。

＊3)　〈https://www.kentei.ne.jp/33013〉
＊4)　〈https://www.kentei.ne.jp/34757〉

1. 日々の学習の成果，到達度を測る
2. スピードと正確性を求める
3. 出題範囲すべての学習を求める
4. 1級まで継続した学習を奨励する

このようなコンセプトをふまえ，特に2級・3級はペーパー試験（統一試験・団体試験）とネット試験が併用されています。同ホームページをよく確認してください。

さらに大学によっては，会計関連の資格を取得することにより，単位の認定対象科目になる場合もあります。以上のことからもわかるように，在学中に資格を取得しておくことは，就活でのPRの1つになります。また，企業によっては，入社してから簿記資格取得を推奨しているところもあります。社会人になると，なかなか自分の時間が取れない場合もあるため，学生のほうは今のうちに勉強時間を確保するためにどうしたらよいのか，合格までの計画書を書いてみるのもよいかもしれません。

 合格率

ここでは，全経簿記と日商簿記の近年の合格率を確認してみましょう。

公益社団法人全国経理教育協会ホームページ「受験データ」[*5] に掲載されている，現時点（2021年9月）から過去3回分の合格率を確認してみましょう（図表2-3）。

なお，全経簿記の合格条件は各級とも1科目100点満点とし，全科目得点70点以上を合格とします。ただし，全経簿記上級は，各科目の得点が40点以上で全4科目の合計得点が280点以上を合格としています（同ホームページ内の各合格基準を参照）。

では，次に，日本商工会議所・各地商工会議所ホームページ「簿記検定試験受験者データ」[*6] に掲載されている，現時点（2021年9月）から過去3回分

---

*5)　〈http://www.zenkei.or.jp/license/bookkeeping.php〉
*6)　〈http://www.kentei.ne.jp/bookkeeping/news/data.php〉

図表 2-3　全経簿記の合格率（過去 3 回）

（2021 年 9 月現在）*

回 ＼ 級	上級	1 級		2 級		3 級	基礎
		商会	原工	商簿	工簿		
第 203 回	14.14%	19.91%	68.48%	66.68%	74.89%	66.10%	83.28%
第 202 回 （上級施行無し）	—	47.51%	51.13%	59.70%	78.20%	68.32%	74.29%
第 201 回	14.19%	26.35%	63.02%	53.45%	56.24%	54.37%	78.82%

＊詳細はホームページを確認してください。
（出典）　下記ホームページをもとに作成。
　　　　　公益社団法人全国経理教育協会「受験データ」2021.09.30 参照。

図表 2-4　日商簿記の合格率（過去 3 回）

（2021 年 9 月現在）*

回 ＼ 級	1 級	2 級	3 級	簿記初級	原価計算初級
第 158 回	9.8%	24.0%	28.9%	63.1%☆	91.2%☆
第 157 回	7.9%	8.6%	67.2%	59.4%☆	92.3%☆
第 156 回	13.5%	18.2%	47.4%	57.9%☆	93.1%☆

＊詳細はホームページを確認してください。
☆簿記初級・原価計算初級の過去 3 回分は「回」ではなく「期間」となります。
　「期間」は「2020 年 4 月 1 日～2021 年 3 月 31 日」「2019 年 4 月 1 日～2020 年 3 月 31 日」「2018 年 4 月 1 日～2019 年 3 月 31 日」です。
（出典）　下記ホームページをもとに作成。
　　　　　日本商工会議所・各地商工会議所「受験者データ」2021.09.30 参照。

の合格率は，図表 2-4 のとおりです。なお，日商簿記 1 級の合格基準は「70%以上（ただし，1 科目ごとの得点は 40%以上）」，2 級・3 級の合格基準は「70%以上」，簿記初級・原価計算初級は「100 点満点で 70 点以上を合格とする」となっています（同ホームページ内の各合格基準を参照）。

3.　公認会計士・税理士

　ここからはステップアップして，公認会計士・税理士の内容をみていきましょう。簿記検定はいわゆる公的資格ではありますが，国家資格ではありません。

公認会計士・税理士は，いわゆる独立開業系の**国家資格**です。簿記検定を取得し，さらに上位の資格を目指す方に有効な資格です。

 ## 公認会計士とは

日本公認会計士協会ホームページ「公認会計士の使命」*7) のなかにも紹介されていますが，財務情報の信頼性を保証する監査・会計のスペシャリストが**公認会計士**です。世界の至るところで刻々と変化するグローバル経済のなか，公認会計士に求められる役割はますます重要度を増しています。公認会計士は，監査・会計及び経営に関する専門的知識と豊富な経験を生かし，企業が作成した財務諸表の監査を行い，独立した立場から監査意見を表明し，その情報の信頼性を確保する，あるいは税務業務（ただし，税理士登録をすることが必要）や経営コンサルティング等により，健全な経済社会の維持と発展に寄与します。

では次に試験の概要を確認していきましょう。公認会計士・監査審査会（合議制の機関として金融庁におかれる）が公表している**公認会計士試験**の概要は図表2-5のとおりです。

図表 2-5　公認会計士試験の概要

> 公認会計士試験は，公認会計士になろうとする方々に必要な学識及びその応用能力を有するかどうかを判定することを目的として，短答式及び論文式による筆記の方法により行うものであり，審査会が，毎年1回以上行うこととされています。
> 短答式試験の試験科目は，財務会計論，管理会計論，監査論及び企業法の4科目です。論文式試験は，会計学，監査論，租税法，企業法及び選択科目（経営学，経済学，民法，統計学のうち，受験者があらかじめ選択する1科目）の5科目です

（出典）　公認会計士・監査審査会「公認会計士試験の実施」「公認会計士試験Q＆A　試験概要Q5」2021.09.30参照。

上記「試験概要」においては，さらに次のことが示されています。公認会計士試験の受験者は，まず，年2回（12月及び5月）実施する短答式試験（マー

＊7)　〈http://www.hp.jicpa.or.jp/ippan/cpainfo/about/vocation/〉

クシート方式）のいずれかに出願します。その後，短答式試験合格者及び短答式試験免除者は，年1回（8月）実施する論文式試験を受験します。論文式試験に合格すると，公認会計士試験の合格証書が授与（郵送）されます。各試験年のスケジュールについては，12月頃に翌年試験のスケジュール（予定）を審査会ウェブサイトで公表しています。また，6月頃に前年12月頃に公表したスケジュールの確定版を同ウェブサイトで公表しています。なお，公認会計士試験に受験資格の制限はありません。年齢，学歴，国籍等にかかわらず，どなたでも受験することができます（同ホームページ内「試験概要」参照）。

　公認会計士試験の大まかな流れについては，同ホームページ内「試験概要」に掲載されている「公認会計士試験年間スケジュール（イメージ）」（図表2-6）を参照してください。

図表2-6　公認会計士試験年間スケジュール（イメージ）

公認会計士試験実施に係る年間スケジュール（イメージ）

○　以下に該当する者は，第Ⅰ回短答式試験への出願では短答式試験の全科目免除を受けることはできませんので，短答式試験の全科目免除を受けようとする場合は，第Ⅱ回短答式試験に出願してください。
・　短答式試験の全科目免除者
・　前年又は前々年の短答式試験の合格者
・　旧公認会計士試験第2次試験合格者
○　各試験年の正確なスケジュールについては，公認会計士・監査審査会ウェブサイトを御確認ください。

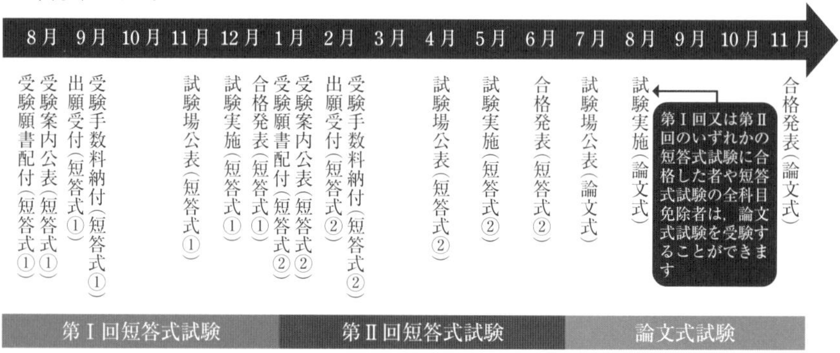

（出典）公認会計士・監査審査会「試験概要Q1」2021.09.30参照。

公認会計士試験の合格基準

　公認会計士試験の合格基準ですが，次のとおり短答式試験と論文式試験を示しておきます。

〈短答式試験〉

　短答式試験の合格基準は，総点数の70％を基準として，審査会が相当と認めた得点比率とします。ただし，審査会は，1科目につき，その満点の40％を満たさず，かつ原則として答案提出者の下位から遡って33％の人数に当たる者と同一の得点比率に満たない者は，不合格とすることができます。

〈論文式試験〉

　52％の得点比率を基準として，審査会が相当と認めた得点比率とします。ただし，1科目につき，その得点比率が40％に満たないもののある者は，不合格とすることができます。

　なお上記に関する詳細は，公認会計士・監査審査会ホームページ「公認会計士試験に関するQ&A」[*8)] で公表していますので，ぜひ参考にしてください。

 税理士とは

　日本税理士会連合会ホームページ「税理士とは」[*9)] のなかでも紹介されていますが，公平な税負担により，住みやすい豊かな暮らしを守る，これが税理士の社会的使命です。

　また**税理士**は，税の専門家として納税者が自らの所得を計算し，納税額を算出する申告納税制度の推進の役割も担っています。このように，社会公共的使命をもって，また申告納税制度の担い手として，暮らしのパートナーとして，税理士は信頼に応えています。さらに同ホームページでは，税理士の仕事として，税務代理，税務書類の作成，税務相談，e-Tax の代理送信，会計業務，税務訴訟において納税者の正当な権利・利益の救済を援助するための補佐人，会

＊8)　〈http://www.fsa.go.jp/cpaaob/kouninkaikeishi-shiken/qanda/02.html#01〉

＊9)　〈http://www.nichizeiren.or.jp/cpta/about/〉

計参与，租税教育，適正な申告支援などの社会貢献，中小企業支援や地方独立行政法人監査など新しい時代に向けてのさまざまな取り組みを行っています。

　具体的に税務代理とは，代理として，確定申告，青色申告の承認申請，税務調査の立会い，税務署の更生・決定に不服がある場合の申立てなどを行います。税務書類の作成とは，確定申告書，相続税申告書，青色申告承認申請書，その他税務署などに提出する書類を作成することです。税務相談とは，税金のことで困ったとき，わからないとき，知りたいときに相談に応じることです。e-Tax の代理送信とは，e-Tax を利用して申告書を代理送信することです。会計業務とは，税理士業務に付随して財務書類の作成，会計帳簿の記帳代行，その他財務に関する業務を行うことです。補佐人としては，訴訟代理人である弁護士とともに裁判所に出頭し，陳述（出廷陳述）します。会計参与は，中小の株式会社の計算関係書類の記載の正確さに対する信頼を高めるため，株式会社の役員として，取締役と共同して，計算関係書類を作成します。また上述したように知識や経験を活かして社会貢献を行います。さらに新しい時代に向けて，中小企業の支援においては認定経営革新等支援機関として，会社法においては現物出資にかかる評価証明者として，地方自治法においては都道府県や市町村における税金の使途をチェックする外部監査人として，政治資金規正法においては国会議員関係政治団体の政治資金監査を行う登録政治資金監査人として，地方独立行政法人法においては地方独立行政法人の業務を監査する監事として税理士が有資格者として明記されています。

　すなわち，税理士は，税務に関する専門家として，独立した公正な立場において，申告納税制度の理念にそって，納税義務者の信頼に応え，租税に関する法令に規定された納税義務の適正な実現を図ることを使命としています（税理士法第 1 条）。

　なお，国税庁が公表している**税理士試験**の概要は図表 2-7 のとおりです。

図表 2-7　税理士試験の概要

> (1)　目　　的
> 　税理士試験は，税理士となるのに必要な学識及びその応用能力を有するかどうかを判定することを目的として行われます。
> (2)　試験科目
> 　試験は，会計学に属する科目（簿記論及び財務諸表論）の 2 科目と税法に属する科目（所得税法，法人税法，相続税法，消費税法又は酒税法，国税徴収法，住民税又は事業税，固定資産税）のうち受験者の選択する 3 科目（所得税法又は法人税法のいずれか 1 科目は必ず選択しなければなりません）について行われます。
> 　なお，税理士試験は科目合格制をとっており，受験者は一度に 5 科目を受験する必要はなく，1 科目ずつ受験してもよいことになっています。
> (3)　合　　格
> 　合格基準点は各科目とも満点の 60 パーセントです。
> 　合格科目が会計学に属する科目 2 科目及び税法に属する科目 3 科目の合計 5 科目に達したとき合格者となります。

　（出典）　国税庁「税理士試験の概要」2021.09.30 参照。

税理士試験受験資格の概要

　国税庁ホームページ「税理士試験受験資格の概要」*10) でも紹介されていますが，税理士試験の主な受験資格として，(1) 学識による受験資格，(2) 資格による受験資格，(3) 職歴による受験資格をあげています。このなかでも 学生の皆さんに関係ある (1) 学識による受験資格で示されているイ〜ホ，(2) 資格による受験資格イ〜ロを確認していきましょう。なお，注意事項も多いため，税理士受験資格の詳細は，ぜひ同ホームページを確認してください。

(1)　学識による受験資格
　イ　大学，短大又は高等専門学校を卒業した者で，法律学又は経済学を 1 科目以上履修した者
　ロ　大学 3 年次以上で，法律学又は経済学を 1 科目以上含む 62 単位以上を取得した者
　ハ　一定の専修学校の専門課程を修了した者で，法律学又は経済学を 1 科

---

*10)　〈http://www.nta.go.jp/sonota/zeirishi/zeirishishiken/shikaku/shikaku.htm〉

30

図表 2-8 改正税理士法の「学位による税理士試験免除」制度の Q & A フローチャート

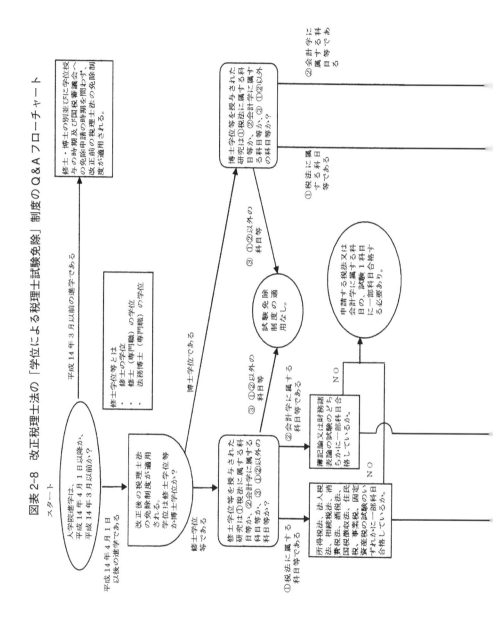

スタート

平成14年4月1日以後の進学である

平成14年4月1日以降か、平成14年3月以前か？

入学院進学は、平成14年4月1日以降か、平成14年3月以前か？

平成14年3月以前の進学である

改正後の税理士法の免除制度が適用される。学位は修士学位等か博士学位か？

修士学位等である

修士学位等とは
・修士の学位
・修士（専門職）の学位
・法務博士（専門職）の学位

修士学位等を授与された研究は①税法に属する科目等か、②会計学に属する科目等か、③①②以外の科目等か？

①税法に属する科目等である

②会計学に属する科目等である

③①②以外の科目等

試験免除制度の適用なし。

所得税法、法人税法、相続税法、消費税法、酒税法、国税徴収法、住民税、事業税、固定資産税のいずれかに一部科目合格しているか。

NO

簿記論又は財務諸表論の試験のどちらかに一部科目合格しているか。

NO

申請する税法又は会計学に属する科目の、試験一部科目に一部合格する必要あり。

博士学位である

修士・博士の別並びに学位授与の時期及び国税審議会への免除申請の時期を問わず、改正前の税理士法の免除制度が適用される。

博士学位等を授与された研究は①税法に属する科目等か、②会計学に属する科目等か、③①②以外の科目等か？

①税法に属する科目等である

②会計学に属する科目等である

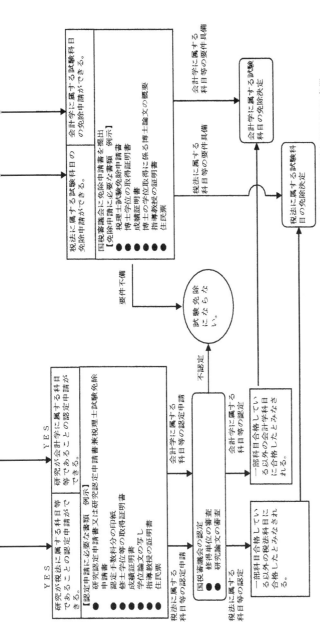

（出典）　国税庁「改正税理士法の『学位による試験科目免除』制度のQ&Aフローチャート（PDF/123KB）」2021.09.30参照。

　　目以上履修した者

　二　司法試験合格者

　ホ　公認会計士試験の短答式試験に合格した者

（2）　資格による受験資格

　イ　日商簿記検定 1 級合格者

　ロ　全経簿記検定上級合格者

 改正税理士法の「学位による税理士試験免除」制度の Q&A フローチャート

　大学院に進学し学位等を取得したことにより，税理士試験の一部が免除される場合があります（図表 2-8 参照）。**税理士試験免除**を検討している人は，国税庁ホームページを確認してください。

4.　その他の資格など

 公務員（国税専門官）

　これまで簿記検定，公認会計士，税理士を紹介してきましたが，職業に直結するものとして，公務員（**国税専門官**）を取り上げてみましょう。

　国税庁ホームページ「国税専門官試験採用」の「業務内容」*11) に紹介されていますが，国税庁は，納税者の自発的な納税義務の履行を適正かつ円滑に実現することを使命とし，内国税の賦課・徴収を行う官庁として，国の財政基盤を支える重要な仕事をしています。そのなかで国税専門官は，国税局や税務署で，税のスペシャリストとして法律・経済・会計などの専門知識を駆使し，国

---

*11)　〈https://www.nta.go.jp/soshiki/saiyo/saiyo02/gyomu/01_1.htm〉

税調査官，国税徴収官，国税査察官といった職種に分かれて活躍しています。同ホームページでは，国税専門官には豊かな教養と高度の専門知識はもちろんのこと，時代の変化に即応する強い精神力とバイタリティーが求められていることが述べられています。

■国税調査官

　納税義務者である個人や企業等を訪れて，適正な申告が行われているかどうかの調査・検査を行うとともに，申告に関する指導などを行います。

■国税徴収官

　定められた納期限までに納付されない税金の督促や滞納処分を行うとともに，納税に関する指導などを行います。

■国税査察官

　裁判官から許可状を得て，悪質な脱税者に対して捜査・差し押え等の強制調査を行い，刑事罰を求めるため検察官に告発します。

　また，同ホームページの試験概要を確認してください。会計以外の多くの分野が出題されますが，とくに第1次試験の試験種目の専門試験（多肢選択式）の必須の1つとして「会計学（簿記を含む）」が入っている点に注目しましょう。

 ## その他の資格

　本章では紙幅の関係で掲載しませんでしたが，会計に関連した資格は本当に多くあります。それだけ社会から注目されているのです。本章は主として会計のスペシャリストも意識して資格を紹介してきましたが，金融のスペシャリストも目指すのであれば，一般社団法人金融財政事情研究会や特定非営利活動法人日本ファイナンシャル・プランナーズ協会（日本FP協会）が実施するファイナンシャル・プランニング技能検定試験などがあります。また銀行業務検定協会が実施する銀行業務検定試験，日本証券業協会が実施する外務員資格試験などもあげられます。これら以外にも多くの資格が存在しますが，少しでも関心をもったら，心にしまっておかないで「行動」につなげていきましょう。関

心をもった資格をホームページなどですぐに調べることもその第一歩です。

5. 資格取得に向けて

　これまで会計に関わる主な資格を紹介してきました。ここで注意しなければならないのは資格を取得したからといって，すぐに内定に結びつくわけではないということです。取得までの道程をプレゼンテーションできる力なども必要になってきますし，コミュニケーション能力なども問われます。また資格を取得したあとのライフプランをたてておくことも大切です。もちろん資格を取得したことによって，就職活動で有利になる場合は数多くあります。

　また会計の基礎知識は一般的なビジネスマナーにおいても必要なものです。ビジネス系検定などでも知られる公益財団法人実務技能検定協会が実施する秘書技能検定試験でも会計の基礎知識は問われます。企業や職場の常識を学ぶということは，会計の基礎知識を学ぶことにもつながるのです。社会に出れば，会計の知識は皆さんを守ってくれる武器になります。将来，自信をもって仕事をしていくうえでも，ぜひ会計の知識を身につけましょう。

《練習問題》
1)　関心をもった資格があったら，ホームページなどを利用して詳しく調べてみよう。
2)　勉強時間を確保するためにどうしたらよいのか，合格までの計画書を書いてみよう。

《ステップアップ》
　　「お薦め教材」などが，主催団体に掲載されていることもありますので，主催団体のホームページや出版物などをチェックしてみましょう。
　　書店をのぞくと「資格の取り方全ガイド」「資格の選び方全ガイド」と名のついた本がたくさん並んでいます。書店に寄ったらぜひチェックしてみましょう。

《資格試験に向けて》
　　本章の内容，また各章末の《資格試験》を参考にしてください。

第3章

会計情報はどう利用するの
―財務分析―

本章のポイント

① ある企業の会計情報は，他の企業と比較するため，あるいはその企業の過去と比較するために使われます。

② 利益や財産の絶対値の比較だけでなく，相対的な評価・分析が行われます。

③ 1つの指標を分解して複数の面から評価することにより，企業についてより多くのことがわかります。

　第1章では，株主，債権者，経営者などさまざまな人々が企業に関わり，それぞれがさまざまな利害を有していることを学習しました。利害関係者は，株式を購入する(企業に投資する)，資金を貸し付けるといった行動を行うために，企業の利益や財産といった会計情報を知り，その企業を分析したいと考えています。本章では，株主や債権者といった利害関係者が，会計情報をどのように利用して企業を分析するのか，具体的な例を使って説明することにしましょう。

1. 情報利用の基本は"比較"

 他社および過去との比較

　利害関係者は会計情報を利用して企業を分析します。できれば優秀な企業の株式を購入したり，優秀な企業にお金を貸したりしたいものです。

　でも，よく考えてみると，分析対象の企業が優秀なのかどうかは，他社や分析対象の企業の過去と比較しなければわかりません。「ドトールコーヒーの当期純利益は10億円です」と教えられても，ドトールコーヒー（以下，ドトールと略します）が優秀なのかどうかはすぐにはわかりませんよね。個人レベルで考えると10億円というのはとても巨額であり，「すごいな」と考えてしまいがちですが，同業他社が20億円の利益を獲得しているのであれば，ドトールは「すごい」といえないかもしれません。また，ドトールの昨年の利益が30億円だったとすれば，今年のドトールは「すごい」といえないかもしれません。

　このように，同業他社と比較したり，過去の利益と比較してはじめて，ドトールが優れているかどうかがわかるのです。このように，会計情報を利用するときには，他社または過去と比較することが一般的です。

2. 情報利用の第1ステップ—自己資本利益率（ROE）の計算

 もっともよく使われる分析指標—自己資本利益率（ROE）—

　まずは株主の視点からの情報利用について考えてみましょう。

　株主は企業を分析して，その企業の株式を購入するのか，すでに株式を所有しているのであれば，その株式を売却するのかあるいは所有し続けるのか，といったことを決めなければなりません。株主は株式を所有することによって得

られる配当，株式の値上がりによる利益を獲得したいという思いで企業の株式を所有しており，配当や株式の値上がりを生じさせる企業の利益にとても関心をもっています。

　では，具体的に，企業の利益についてどのように分析するのでしょうか。利益の金額（絶対額）をみて，他社よりも多いかどうか（または過去よりも増えているかどうか）を考えればよいでしょうか。実は，絶対額をみるだけでは有効な分析はできません。次の2社の例（図表3-1）を使って，よく行われている分析方法を紹介しましょう。

図表 3-1　純利益と純資産

（出典）2020年3月期有価証券報告書（サンマルク），2020年2月期有価証券報告書（ドトール）をもとに作成。両社とも1億円未満四捨五入。

　この2社のことは皆さんもよく知っていることでしょう。両社ともコーヒーショップを中心にさまざまな業態のレストランを経営している企業ですね。サンマルクHDは，サンマルクカフェを中心とした飲食店を，ドトール・日レスHDは，ドトールコーヒーや五右衛門を中心とした飲食店を展開しています。

　さて，この2社を比較してみましょう。利益の金額をみると，ドトールのほうがサンマルクよりも約46億円多いことがわかります。また，ドトールが活動するために株主から提供してもらった資金（純資産）は，サンマルクの約2.3倍です。

　たくさんの資金を集めることができれば，より規模の大きな事業を行うことができます。事業の規模が大きくなれば，通常，利益額も大きくなるでしょう。個人が細々とやっている喫茶店の利益とドトールの利益を比べれば，ドトールの利益が大きくなりそうなのは容易に想像できますよね。

　ただし，規模を大きくしたら，それに比例して利益が増えるとは限りません。実際にこの例でも，資金（純資産）が約2.3倍になっていますが，利益は約4

倍になっています。このように，単に利益の絶対額を比較するだけでは意味のある分析にはなりません。

そこで，株主が企業の利益について分析する場合，利益の絶対額に加えて，企業が株主から集めた資金とそれから生み出された利益の割合もみます。その割合のことを**自己資本利益率**（ROE：Return on Equity）とよんでおり，図表3-2のように計算します。

図表 3-2　自己資本利益率（ROE）の計算

$$自己資本利益率（ROE）= \frac{純利益}{株主が提供した資金（純資産）}$$

ROE は何を意味しているでしょうか。どれだけの資金を使って，どれだけの利益を得たかを表すのですから，ROE は事業で効率的に稼ぐことができたかどうかを意味する数値といえます。言い方を変えれば，企業活動の収益性（稼ぐ能力）と効率性（無駄を生じさせない能力）の両方を同時に表す総合指標ともいえます。もちろん，少ない資金で多くの利益を得ることが望ましいでしょうから，基本的に，ROE は大きいほうがよい数値です。

> **コラム　純資産**
>
> 純資産には次のものが含まれます。
> ▶株主から提供された元手（資本金）
> ▶過去の利益のうちまだ配当していない部分（利益剰余金）
>
> 　詳しくは第4章で学習しますが，利益剰余金もいずれ配当されるものと考えれば，株主から提供されている資金といえます。そのため，純資産全体を株主から提供された資金と捉えます。

では，2 社の ROE を計算してみましょう。

サンマルクの ROE は図表 3-3 のように計算できます。

図表 3-3　サンマルクの ROE

$$\text{サンマルクの ROE} = \frac{\text{純利益}}{\text{純資産}} = \frac{15\,\text{億円}}{469\,\text{億円}} = 3.2\%$$

また，ドトールの ROE は図表 3-4 のように計算できます。

図表 3-4　ドトールの ROE

$$\text{ドトールの ROE} = \frac{\text{純利益}}{\text{純資産}} = \frac{61\,\text{億円}}{1{,}061\,\text{億円}} = 5.7\%$$

この比較から，ドトールのほうがサンマルクよりも効率的に利益を獲得していると分析することができます。同額の資金を事業に投入したとすれば，ドトールのほうが利益が多くなるといえます。

サンマルクとドトールの比較

サンマルクとドトールについて，もう少し詳しく比較してみましょう。

ドトールのほうが純利益が多く，さらに ROE も高いことがわかります。つまり，利益の金額という絶対的な評価だけでなく，使用資金に対する利益の割合（ROE）という相対的な評価でも，ドトールが優れているといえそうです（図表 3-5）。

企業の比較・分析には答えはありません。絶対的な利益水準を重視する人もいるでしょうし，相対的な利益水準（利益獲得の効率性）を重視する人もいるでしょう。ただし，企業を比較する場合には，規模が異なる複数の企業を比較

することが一般的ですから，利益の絶対額での評価ではなく，ROE という相対的な評価が重視されることが多いようです。

図表 3-5　サンマルクとドトールの比較（1）

	純利益	純資産	ROE
サンマルク	15 億円	469 億円	3.2%
ドトール	61 億円	1,061 億円	5.7%

3.　情報利用の第 2 ステップ—自己資本利益率（ROE）の分解

　ROE は，企業が株主から集めて事業に投入した資金と得られた利益の割合を表す指標でした。企業活動の総合評価を表す指標であるといえます。この ROE の存在を知っているだけでも，単に利益の金額を比較するよりも，企業分析のバリエーションが広がることでしょう。

　でも，まだまだ終わりではありません。ROE を分解することで，企業を複数の側面からさらに詳細に分析することができます。よく行われるのは図表 3-6 のような分解です。

　ROE の計算式の分子と分母の間に売上高を挿入することで，ROE を**売上高純利益率，自己資本回転率**という 2 つの要素に分け，それらのかけ算として表すことができるのです。

図表 3-6　ROE の分解（1）

$$ROE = \frac{当期純利益}{純資産} = \frac{当期純利益}{売上高} \times \frac{売上高}{純資産}$$

ROE　＝　売上高純利益率　×　自己資本回転率
⇩　　　　　　⇩　　　　　　⇩
総合評価　　収益性の要素　　効率性の要素

売上高純利益率

　売上高純利益率は「純利益÷売上高」で計算され，「単位当たりの利益」を表します。売上高純利益率が5％であるならば，100円の商品を売ったときの純利益が5円ということです。逆にいえば，各種経費が95円ということですね（図表3-7）。つまり，売上高純利益率が高いほど商品単位当たりの利益が大きいということです。

図表 3-7　売上額の内訳

	売上 100%	
利益 5%	経　費 95%	

　単位当たりの利益が大きい商品として価値（ブランド力）の高い商品があげられます。たとえば，グッチのバッグ1つ当たりの利益は数十万円ほどといわれている一方で，イオンオリジナルブランドのバッグ1つ当たりの利益は数千円程度でしょう。同じような作りの商品であっても，モノ自体の価値が高い商品の利益の割合（利益率）は高いわけです。

　売上高純利益率は収益性の要素（稼ぐ能力）を表す指標であり，売上高純利益率が大きいほど収益性が高い企業であるということです。

 ## 自己資本回転率

　自己資本回転率は「売上高÷純資産」で計算され，「株主から集めた資金が何回売上に転換されたか」を表します。極端な例ですが，次のようにイメージしてください（図表3-8）。

図表 3-8　資金回転のイメージ

　ある企業が株主から集めた資金1,000万円でトラック1台を購入し，運送業をはじめました。そのトラックを使って2,000万円の売上を獲得したとしましょう。1,000万円のトラックが2,000万円の売上（≒収入）をもたらしたわけです。このとき，「自己資本が2回転した」と表現します。トラック1台が生み出す売上は多ければ多いほどいい＝回転数が高いほどいいでしょう。回転数が高いということは効率的に資産を利用できているのですから，自己資本回転率は効率性の要素（無駄を生じさせない能力）を表す指標といえます。

 債権者によって提供された資金はどうか―総資本利益率（ROA）―

　ここまで読んで，おやっと思った方もいるでしょう。そうです。企業は事業を行うために，株主から集めた資金だけでなく，銀行などの債権者から借り入れた資金も使っています。ですから，効率性をみるときには債権者から調達した資金のことも考えなければなりません。そこで，債権者の存在を考慮して，ROEを図表3-9のように分解しなおします。

図表 3-9　ROE の分解（2）

$$\text{ROE} = \frac{当期純利益}{純資産} = \frac{当期純利益}{総資本（負債＋純資産）} \times \frac{総資本（負債＋純資産）}{純資産}$$
$$= \quad 総資本利益率（ROA） \quad \times \quad 財務レバレッジ$$

　ROE の分母と分子の間に総資本を挟み，**総資本利益率**（ROA：Return on Assets）と**財務レバレッジ**の2つに分けます。

　1つめの要素である ROA では，分母が総資本になっていますね。総資本とは，債権者から集めた資金を表す負債と株主から集めた資金を表す純資産の合計額

です。ですから，ROAは企業全体で集めた資金からどれだけの利益が生み出されたのかということを表し，債権者が提供した資金のことも考慮されているといえるわけです。

　2つめの要素である財務レバレッジは，企業全体で集めたお金が株主から集めたお金の何倍あるのかを示します。企業は最初，株主から資金を集めることによって設立されます。その後，事業を拡大するために債権者からお金を借り入れることもあります。債権者からお金を借りることによって企業の規模を拡大することができるわけですね。

　つまり，財務レバレッジは債権者から借りたお金でどのくらい企業の規模を拡大させたかを表すのです。財務レバレッジが大きいほど，借入による規模拡大の程度が高いということです。

　日本では，お金を借りることにいいイメージをもつ人は少ないかもしれません。しかし，債権者からお金を借りることは悪いことではありません。むしろ，金利が低く，かつ企業が提供する商品の需要が高い場合には，積極的に借入を行い，企業規模を拡大させることは，国民経済全体にとって望ましいことなのです。ですから，借入による規模拡大がプラスに評価されることは珍しいことではありません。

　最後に，ROAの部分に売上高を挟むと，売上高純利益率，**総資本回転率**，財務レバレッジに分解され，企業が債権者から集めた資金まで考慮して株主の視点からみた企業の評価となります（図表3-10）。

図表3-10　ROEの分解（3）

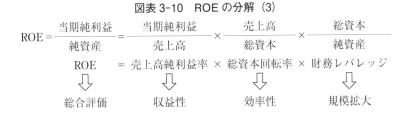

ROE 分解のポイント―かけ算―

ROE を分解して考えるときのポイントは，かけ算の形にするということです。

「薄利多売」という言葉を聞いたことがあるでしょう。薄利多売とは，商品1つ当たりの利益は小さいけれども，大量に販売することによって，利益を得ることを意味します。たとえば，牛丼チェーンを営む企業などは薄利多売の代表例だといえるでしょう。ROE 分解後の式でいうと，薄利多売の状態とは，売上高純利益率が低く，自己資本回転率（あるいは総資本回転率）が大きい状態ですね。

ROE を高めるためには売上高純利益率と総資本回転率の両方を（あわせて財務レバレッジも）同時に高めることがもっとも望ましいのですが，薄利多売という言葉からもわかるとおり，両方を同時に高めるのはかなり難しそうです。たとえば，牛丼を1杯 500 円に値上げすると同時に販売数量を増加させることができるでしょうか。おそらく，値上げすると販売数量を増加させるどころか，販売数量は激減してしまうでしょう。

ですから，薄利多売の方向性を目指すか，その逆の方向性を目指すかという戦略をとることになります。ROE がかけ算で結ばれる要素に分解されるからこそ，ROE を分解すれば，どちらのタイプの戦略をとっている企業なのかがわかるわけですね。

4. 情報利用の実例

では，債権者の存在も考慮に入れて，サンマルクとドトールを分析してみましょう。

図表 3-11　各種会計数値

	当期純利益	売上高	総資本	純資産
サンマルク	15 億円	689 億円	574 億円	469 億円
ドトール	61 億円	1,311 億円	1,310 億円	1,061 億円

（出典）2020 年 3 月期有価証券報告書（サンマルク），2020 年 2 月期有価証券報告書（ドトール）
　　　をもとに作成。両社とも 1 億円未満四捨五入。

サンマルクについて ROE を計算・分解してみましょう（図表 3-12）。

図表 3-12　サンマルクの ROE の分解

$$\text{ROE} = \frac{15\,億円}{469\,億円} = \frac{15\,億円}{689\,億円} \times \frac{689\,億円}{574\,億円} \times \frac{574\,億円}{469\,億円}$$

$$3.2\% \quad = \quad 2.2\% \quad \times \quad 1.2\,回 \quad \times \quad 1.2\,倍$$

ドトールについて ROE を計算・分解してみましょう（図表 3-13）。

図表 3-13　ドトールの ROE の分解

$$\text{ROE} = \frac{61\,億円}{1{,}061\,億円} = \frac{61\,億円}{1{,}311\,億円} \times \frac{1{,}311\,億円}{1{,}310\,億円} \times \frac{1{,}310\,億円}{1{,}061\,億円}$$

$$5.7\% \quad = \quad 4.7\% \quad \times \quad 1.0\,回 \quad \times \quad 1.2\,倍$$

以上をまとめると，図表 3-14 のとおりです。

図表 3-14　サンマルクとドトールの比較（2）

	ROE		売上高純利益率		総資本回転率		財務レバレッジ
サンマルク	3.2%	=	2.2%	×	1.2 回☆	×	1.2 倍
ドトール	5.7%☆	=	4.7%☆	×	1.0 回	×	1.2 倍

さて，ここから何がわかるでしょうか。

ドトールの ROE のほうが大きいですから，総合的にはドトールのほうが"よい状態"になっていると考えられます。では，その"よい状態"になっていると考えられる原因を 3 つの視点から考えてみましょう。

収益性の視点からの分析

1つめの視点は収益性の視点であり，「売上高純利益率」をみます。

ドトールの「売上高純利益率」はサンマルクの約2.1倍です。極端な話をすれば，同じ価格のコーヒーや料理を売ったときのドトールの利益は，サンマルクの約2.1倍だということです。

サンマルクとドトールに対して，皆さんはどんなイメージをもっていますか。両社とも適度に洗練された同じようなタイプのお店というイメージがあるかもしれません。商品の価格設定をみてもほぼ同程度のようです。しかし，同程度の商品・サービスを同程度の価格で提供していながら，その単価あたりの利益はかなり違っていることがわかります。

> ### コラム　売上高純利益率と本業
>
> 売上高純利益率の計算では，当期純利益が使われます。当期純利益は売上からすべての費用を引いた利益であり，本業以外のところで生じた臨時的な費用・損失（災害損失など）も差し引かれています。ですから，当期純利益だけではなく営業利益なども含めて分析しなければなりません。

効率性の視点からの分析

2つめの視点は効率性の視点であり，「総資本回転率」をみます。サンマルクのほうがよい値となっています。株主と債権者から集めた資金を約1.2回転させており，ドトールの約1.2倍です。イメージとしては，サンマルクは，集めた資金を使って材料を仕入れ，店舗を整備し，商品を売るという活動をドトールの約1.2倍行えたということです。商売の回数が多くなれば，それだけ利益を獲得するのに貢献できそうですね。

規模の視点からの分析

　3つめの視点は規模の視点であり，「財務レバレッジ」をみます。両社とも
ほぼ同じ値となっていて，借入による資金調達で企業規模を約1.2倍にしてい
ます。使える資金が増えると商売の規模を大きくできる（店舗を増やせる）の
ですから，利益を増やすのに貢献するでしょう。

 総合的な分析

　これら3つの視点をあわせて考えてみましょう。

　まず，サンマルクのROEは3.2％，ドトールのROEは5.7％であり，ドトー
ルのほうが約1.8倍 "よい状態" になっています。このROEを3つに分けて
考えることで，どのような面で差がついているのかがわかります。

　収益性の視点をみると，ドトールの収益性はサンマルクの約2.1倍になって
います。効率性の視点をみると，サンマルクの効率性はドトールの約1.2倍に
なっています。規模の視点からみると，両社にあまり差はないようです。これ
ら3つがあわさって，ドトールのROEがサンマルクの約1.8倍 "よい状態"
になっているわけです。

　たった1つのROEという分析指標から，いろいろなことがわかります。も
ちろん，情報利用の方法はまだまだたくさんあります。より多くの方法を知っ
て，さまざまな企業を分析してみてください。

 分析をより有用なものにするために

　企業の分析に正解はありません。会計情報という数値から，企業の状態を客
観的に観察し，企業を適切に評価できるかどうかが重要です。そのためには，
さまざまな視点から評価することが必要です。本章ではROEという指標を使
い，収益性・効率性・規模という3つの視点から企業を評価しました。

　本章の分析では総合評価をしましたが，どれか特定の評価基準に大きなウエ

イトを掛けて評価してもかまいません。たとえば，収益性を重視するならば売上高純利益率を2倍にして評価することが考えられます。企業を分析するためのツールは1種類（ここではROE）だとしても，評価する視点は複数あり，評価結果も複数あるということです。つまり，企業を分析するという目的を達成するために，どのような立場で，どのようなツールを使って，どのように考えるのかが重要なのです。

 ## 事業内容の把握

　企業を分析するにあたり，対象とする企業の事業内容にも意識をむける必要があります。というのは，業種によって，得られる利益の水準がまったく異なるからです。たとえば，ソニーと東芝はいずれも液晶テレビなどを作っている家電メーカーと思われるかもしれませんが，ソニーは銀行や保険会社などの金融事業も営んでいるのに対して，東芝は発電所建設などのインフラ事業も営んでいます。その点では，両社はまったく異なる事業を営んでいる企業であるといえます。

　事業内容が異なる場合，会計情報を使った単純な比較はできません。ある企業を分析したいと思ったら，その同業者と比較することがもっとも有効な分析方法です。

 ## サンマルクとドトールの事業内容

　では，サンマルクとドトールの事業の質はまったく同じなのでしょうか？

　サンマルクはカフェだけでなく，ベーカリーレストラン，パスタレストラン，中華料理店などを経営しています。ドトールもカフェ以外に，パスタレストラン，オムライスレストランなどを経営しています。両社ともカフェ事業，レストラン事業，その他の事業に分けて，売上高と利益を公表しています（図表3-15）。

図表 3-15　各種会計数値

	サンマルク		ドトール	
	カフェ事業	レストラン事業	カフェ事業	レストラン事業
売上高	311 億円	358 億円	798 億円	473 億円
営業利益	24 億円	32 億円	48 億円	44 億円
利益率	7.7%	8.9%	6.0%	9.3%

（出典）　2020 年 3 月期有価証券報告書（サンマルク），2020 年 2 月期有価証券報告書（ド
　　　　トール）をもとに作成。両社とも 1 億円未満四捨五入。

　営業利益とはそれぞれの事業で得た利益であり，利息などの費用はまだ差し
引かれていません（詳細は第 4 章をご覧ください）。両社ともに，レストラン事
業のほうがカフェ事業よりも利益率が高いことがわかります。とくにドトール
のカフェ事業は，規模が比較的大きいにもかかわらず利益率が低い状態です。
一方で，ドトールのレストラン事業は，このなかではもっとも利益率が高い状
態です。もしかすると，ドトールのカフェ事業が，ドトール全体の業績の足を
引っ張っているといえるかもしれません。このように，企業を分析するときに
は，個々の事業にまで視野を広げる必要があります。

《練習問題》

サンマルクとドトールの 2017 年の状態を分析してみよう。

（単位：百万円）

平成 29 年	当期純利益	売上高	総資産	純資産
サンマルク	4,424	67,512	57,051	45,286
ドトール	6,050	126,927	124,843	99,461

	ROE	売上高純利益率	総資産回転率	財務レバレッジ
サンマルク	％ ＝	％ ×	回 ×	倍
ドトール	％ ＝	％ ×	回 ×	倍

［ヒント］ROE は次のように計算・分解できます。

$$ROE = \frac{当期純利益}{純資産} = \frac{当期純利益}{売上高} \times \frac{売上高}{総資産} \times \frac{総資産}{純資産}$$

《ステップアップ》

齋藤孝一［2013］『ケースで学ぶ財務諸表分析』同文舘出版。

桜井久勝［2020］『財務諸表分析（第 8 版）』中央経済社。

山根節，太田康弘，村上裕太郎［2019］『ビジネス・アカウンティング〈第 4 版〉』
　　中央経済社。

《資格試験に向けて》

　全経簿記検定試験や日商簿記検定試験は情報を作る能力を問う資格試験ですが，ビジネス会計検定は情報を利用する能力を問う出題もあり，財務分析に関する知識・技術を問う資格試験ともいえます。

第4章

企業の成績はどうやってみるの
—財務諸表—

本章のポイント

① 財務諸表の理解は，ビジネスパーソンとして必須の能力です。

② 財務諸表は企業の状態を知るための健康診断書の役割をもっています。

③ 損益計算書は，企業の一定期間における経営成績を知るための報告書です。

④ 貸借対照表は，企業の一定時点（決算日）の財政状態を知るための報告書です。

⑤ キャッシュ・フロー計算書は，企業の一定期間における資金の増減（キャッシュ・フローの状況）を知るための報告書です。

⑥ 財務諸表は，企業のさまざまな利害関係者にとって必要かつ有益な情報を提供します。

　企業の成績を簡単に知る方法とは何でしょうか。それは，企業の成績表である財務諸表をみることです。財務諸表は会計用語と数字で書かれているため，一見すると難しく思えますが，その意味をしっかり理解すれば，企業の実態を知るよい資料となります。財務諸表は利害関係者に対して，企業の利益や財産の状況といった会計情報を報告するものです。本章では，財務諸表のもつ役割とその意味，関係を学習していきましょう。

1. 企業の健康診断書

 企業活動はどのように計るのか（財務諸表はなぜ必要か）

　企業は，商品の製造・販売やサービスを企業や個人に提供することを日々の活動としています。多くの利害関係者は，こうした企業活動の利益や財産の状況についての情報を欲しがっています。その情報はどうすれば手に入れることができるでしょうか。また，企業はその活動を，どのように計測し，どのように公表するのでしょうか。

〈企業の利害関係者〉

　企業を取り巻く利害関係者には，どのような人がいるのでしょうか（図表4-1）。

　株式会社の場合，企業に出資している株主と資金を預かって運営する経営者がいます。また，その企業で働く従業員や取引先，お金を貸している銀行などの金融機関，国や都道府県・地方自治体も企業の利害関係者にあたります。

　利害関係者は，それぞれの視点から，企業活動の成果である利益計算の結果や現在の企業の状況などの情報に関心を寄せています。経営者は，企業の活動に関して，株主に対して責任を負っているため，自らが経営する企業がいまどのような状況にあるのか，また企業の目的に沿った活動を効率的に行えている

図表4-1　企業を取り巻く利害関係者

のかどうかについて関心をもっています。また，出資者である株主は，出資した目的に沿ってお金が使われているかどうかについて関心があり，企業の従業員は，給料や賞与の支払いや労働環境について，企業の取引先は，安心して取引できる企業なのかどうかについて，お金を貸している銀行は，企業が借りたお金を返す能力があるかどうかについて，国や都道府県や市町村は，企業が税金を納めるかどうかについて関心があります。これらのさまざまな情報要求に応えようとして，企業がその経営状況を報告する書類が財務諸表です。

 ## 財務諸表

　財務諸表は，利害関係者に対して企業の経営状況を報告する書類ですが，企業の健康状態を知るための健康診断書のようなものともいえます。この財務諸表には，以下の4つの種類があります。
(1)　貸借対照表
(2)　損益計算書
(3)　キャッシュ・フロー計算書
(4)　株主資本等変動計算書

　これらの財務諸表は，「決算書」とよばれることもあります。これらの財務諸表で企業の健康状態が良好なのか，あるいは調子が悪いのかをチェックすることができます。

　貸借対照表は，企業の財政状態を表す資産や負債，純資産の金額・構成を示します。**損益計算書**は，企業の成績を，収益項目や費用項目，それらの差額である純利益によって示します。**キャッシュ・フロー計算書**は，企業の血液である資金がうまく循環しているか，より簡単にいえば，どのようにお金を調達して，どこにお金を使ったのかなどを示します。**株主資本等変動計算書**は，貸借対照表の「純資産の部」に計上される株主資本の各項目がどのような理由で増減したのかを明らかにします（図表4-2）。

　このうち，キャッシュ・フロー計算書の作成は，大規模法人のみに義務づけられており，多くの法人は作成しなくても構いません。しかし，経営者のもっ

図表 4-2　財務諸表の種類と役割

とも大きな関心事である資金繰りを知るために，中小企業でも作成するケースが増えてきています。

この章では，これらの財務諸表のうち「財務３表」とよばれることもある貸借対照表，損益計算書，キャッシュ・フロー計算書について解説します。

2.　３つの視点からみる財務諸表

企業のもっとも大きな目標は，企業活動を行うことにより利益を得て（お金を稼ぎ），純資産を増加させていくことにあります。そのため企業活動の成果は，①いくら儲かったのか，②その結果いくら元手（純資産）が増えたのか，③現金がどのような理由で出ていき，入ってきたかという３つの視点で評価されることになります。ここで，いくら利益があがったのか，いくら現金や純資産が増えたのかという「いくら」という言葉から，会計は「貨幣価値」すなわち金額で表すことを前提としています。

また，企業は可能な限り事業を継続していこうと考えています（このような企業を「継続企業」といいます）。企業も事業を継続していくなかで，ある一定の期間で区切って，いくら利益があがって純資産が増えたかという計算を行わないと，利害関係者は企業の経営状態を知ることができなくなってしまいます。そのため，現行の制度では，最低でも１年に１回は決算を行い，利益を計算しなければなりません。この期間のことを会計期間または事業年度といいます。

損益計算書は，一定の期間でどれだけ儲かったのかを計算し，どのようにし

て儲けたのかを明らかにする財務諸表であり，貸借対照表はその期間の最後の日（決算日）の財産の状況を示す財務諸表であり，キャッシュ・フロー計算書は，一定の期間における企業のキャッシュ・フローの状況を示す財務諸表です。別の言い方をすれば，損益計算書やキャッシュ・フロー計算書は企業活動を一定の期間にわたり写した映像のようなもので，貸借対照表は企業のある時点を写した写真のようなものです。

　また，財務諸表の数値を利用して，企業の安全性（企業はつぶれずに続いていくか）・収益性（効率的に儲けることができているか）・成長性（企業は大きくなっていくか）などをみることができます。財務諸表は，企業の決算日ごとに作成され，出資者による会議である「株主総会」で報告・承認されたのち，国が発行する官報や日本経済新聞・全国紙に掲載されるか，または自社のウェブサイトで公開されます（これを公告といいます）。皆さんも気になる企業の財務諸表を実際に手に入れてみましょう。

3. 損益計算書

 損益計算書とはどんな書類なのか

　損益計算書は，任意に区切ったある一定期間における企業の経営についての成績表です。その成績は，「収益 − 費用 ＝ 純利益」という形で示されます。これは「どれだけ稼いで，稼ぐために経費をいくら使ったか」と「どのくらい利益をあげたか」を表しています。

　ここで，収益とは，商品・製品やサービスを販売した対価である売上高や手数料，利息の受け取りなど，純資産の増加要因であり，費用とは，その収益獲得のためにかかった人件費や広告宣伝費・水道光熱費等の経費で，純資産の減少要因です。収益から，収益を獲得するためにかかった費用を差し引いたものが，純利益（あるいは単に利益）とよばれます。

　損益計算書をみてみると，大項目として上から「売上高」，「売上原価」，「売上総利益」，「販売費及び一般管理費」，「営業利益」，「営業外収益」，「営業外費用」，「経常利益」，「特別利益」，「特別損失」，「税引前当期純利益」，「法人税等」，「当期純利益」という項目が並んでいます。

　これらを項目の性質ごとに分類した場合，「3つの収益」，「4つの費用」，「5つの利益」から構成されていることがわかります（なお，いずれにも当てはまらない税金は費用とは少し性格が異なりますが，利益を計算するために収益から差し引かれます）。

	損　益　計　算　書		
全経商事株式会社	20×1年4月1日〜20×2年3月31日		（単位：千円）
売上高		88,640	←収益①
売上原価			←費用①
期首商品棚卸高	9,080		
当期商品仕入高	61,370		
合　　計	70,450		
期末商品棚卸高	9,350		
差　　引	61,100		
棚卸減耗費	100	61,200	
売上総利益		27,440	←利益①
販売費及び一般管理費			←費用②
給料・賞与	12,390		
広告宣伝費	2,310		
減価償却費	2,200		
雑　　　費	1,980	18,880	
営業利益		8,560	←利益②
営業外収益			←収益②
受取配当金	620		
有価証券評価益	200	820	
営業外費用			←費用③
支払利息	160		
売上割引	780	940	
経常利益		8,440	←利益③
特別利益		0	←収益③
特別損失		0	←費用④
税引前当期純利益		8,440	←利益④
法人税等		2,532	
当期純利益		5,908	←利益⑤

3 つの収益「売上高」・「営業外収益」・「特別利益」

4 つの費用「売上原価」・「販売費及び一般管理費」・「営業外費用」・「特別
　損失」

5 つの利益「売上総利益」・「営業利益」・「経常利益」・「税引前当期純利益」・
　「当期純利益」

　このように分類することで，収益側では，企業の本業で稼いだのかあるいは
本業以外（投資など）で稼いだのか，同じように，費用側でも，本業で生じた
費用なのかあるいは本業以外で生じた費用なのかを知ることができます。
　それでは，損益計算書のそれぞれの項目についてみていきましょう。

【売上高】

　企業の主たる営業活動（本業）から得られる収益が売上高です。小売業であ
れば，お客に商品を販売した販売額です。1 年間の売り上げは「年商」ともい
います。一般に，売上高の大きさは，その企業の事業規模（または取引規模）
を表します。

【売上原価】

　売上高に直接的に対応する原価で，当期に販売された商品等の原価（仕入代
金）や製品の製造原価をいいます。商品が 1 個売れれば 1 個分の売上高と売上
原価が計算されるといったように，販売数量に正比例する費用といえます。

【売上総利益】

売上高から売上原価を差し引いた利益であり，粗利益ともいいます。

> 売上高 − 売上原価 ＝ 売上総利益（マイナスのときは売上総損失）

【販売費及び一般管理費】

売上高に直接的に対応しないものの，企業が事業を行ううえで必要となる費

用です。販売費には，その企業が取り扱う商品やサービスを販売するためにかかった費用，たとえば取引先との会議費や宣伝費などが含まれます。一般管理費には，その企業を組織として運営していくために必要な，従業員の給与や社屋建物の減価償却費，水道光熱費などが含まれます。

【営業利益】

企業の主たる営業活動（本業）から得られる利益です。

売上総利益 − 販売費及び一般管理費 ＝ 営業利益（マイナスのときは営業損失）

【営業外収益，営業外費用】

企業の主たる営業活動（本業）以外での通常の事業活動（投資活動や財務活動）によって生じる収益と費用です。たとえば，お金を預けたときに受け取る利息（受取利息）や株式を購入・所有することで受け取った配当金（受取配当金），企業が銀行からお金を借りたときに支払う利息（支払利息）などが含まれます。

【経常利益】

企業の通常の事業活動から得られる利益です。

営業利益 ＋ 営業外収益 − 営業外費用 ＝ 経常利益（マイナスのときは経常損失）

【特別利益，特別損失】

「特別」の名のとおり，通常の事業活動では発生しない，臨時的にその期に発生した利益と損失です。たとえば，土地の売却による利益や災害による損失などが含まれます。

【税引前当期純利益】

税金を引く前の企業が事業活動で得た利益です。

> 経常利益＋特別利益－特別損失＝税引前当期純利益（マイナスのときは税引前当期純損失）

【当期純利益】

　税引前当期純利益から法人税などの税金を引いたあとの，最終的に計算される当期の利益です。ここでいう税金には，法人税，住民税および事業税（これらをあわせて「法人税等」といいます）が含まれ，これらはいずれも企業の利益にかかってくる税金です。

> 税引前当期純利益－法人税等＝当期純利益（マイナスのときは当期純損失）

　損益計算書の構成を学んだところで，次に貸借対照表をみてみましょう。

4.　貸借対照表

 ### 貸借対照表とはどんな書類なのか

　貸借対照表は，決算日における企業の**財政状態**を表した報告書です。決算日に，企業がどんな財産をもっており，誰からお金を集めているかを明らかにする一覧表といえます。

　損益計算書は，その会計期間で「どれだけ稼いで，稼ぐために経費をいくら使ったか」と「どのくらい利益をあげたか」を表す報告書でしたが，貸借対照表は，その会計期間末において，いままで「どのようにお金を集めてきたか」と「集めたお金をどんなかたちでもっているか」を表す報告書です。

　貸借対照表の様式には，勘定式と報告式があり（図表4-3），勘定式が一般的です。勘定式の貸借対照表を前提にすると，左側にどんなかたちでお金をもっているかを示す「資産」が，右側にどのようにお金を集めたかを示す「負債」と「純資産」が計上されています。負債は，借入金のように企業外部の人に対

貸 借 対 照 表

全経商事株式会社　　　　　　　　20×2年3月31日　　　　　（単位：千円）

資 産 の 部	金 額	負 債 の 部	金 額
流 動 資 産		流 動 負 債	
現 金 預 金	16,480	買 掛 金	8,230
売 掛 金	11,250	1年以内返済長期借入金	5,000
有 価 証 券	3,280	未 払 費 用	240
商 品	6,725	未 払 法 人 税 等	870
前 払 費 用	160	前 受 金	1,500
未 収 収 益	30	流 動 負 債 合 計	15,840
貸 倒 引 当 金	△135	固 定 負 債	
流 動 資 産 合 計	37,790	長 期 借 入 金	10,000
固 定 資 産		固 定 負 債 合 計	10,000
有 形 固 定 資 産		負 債 合 計	25,840
建 物	12,800	純 資 産 の 部	
備 品	4,980	株 主 資 本	
土 地	9,740	資 本 金	20,000
減 価 償 却 累 計 額	△6,520	資 本 剰 余 金	
有 形 固 定 資 産 合 計	21,000	資 本 準 備 金	4,500
無 形 固 定 資 産		資 本 剰 余 金 合 計	4,500
商 標 権	1,000	利 益 剰 余 金	
無 形 固 定 資 産 合 計	1,000	利 益 準 備 金	820
投 資 そ の 他 の 資 産		そ の 他 利 益 剰 余 金	
長 期 貸 付 金	2,000	別 途 積 立 金	3,500
長 期 預 金	1,750	繰 越 利 益 剰 余 金	8,880
投 資 そ の 他 の 資 産 合 計	3,750	利 益 剰 余 金 合 計	13,200
固 定 資 産 合 計	25,750	純 資 産 合 計	37,700
資 産 合 計	63,540	負 債 純 資 産 合 計	63,540

して返済義務があるもの（返さなければならないお金）をいい，純資産（資本）は株主から出資された資本金のように返済義務のないもの（返さなくてもよいお金）をいいます。

図表 4-3　勘定式と報告式の貸借対照表

【勘定式】

貸借対照表

資 産	××	負 債	××
		純資産	××
	××		××

【報告式】

貸借対照表

資 産	××
	××
負 債	××
純資産	××
	××

　貸借対照表の基本的ルールとして，資産の合計額と負債・純資産の合計額が，一致するようにできています。式で表すと「資産＝負債＋純資産」です。表の左側（借方といいます）と右側（貸方といいます）が一致するということは，どちらかが増加したらその反対側も増加してバランスをとって貸借が一致することを意味します。このことから貸借対照表はバランスシートともよばれます。

 ## 調達源泉と運用形態

　貸借対照表が示す財政状態とは，貸借対照表の左側の資産と，右側の負債と純資産の状態をいい，これを資本の調達源泉とその運用形態と説明しています。調達源泉とは，お金をどのように調達してきたかを意味し，そのうち負債は銀行などの債権者から調達した資本（他人資本といいます），純資産は株主からの出資によって調達した資本（自己資本といいます）です。運用形態とは，調達した資本をどんなかたちでもっているかを表します。

 ## 資産の部—資本の運用形態—

　資産とは，企業が集めたお金をどのような状態でもっているのか，何に投資しているのかを示す項目で，資本の運用形態がわかります。

【流動資産】
　流動資産とは，商品の購入，販売そして代金の回収という営業サイクル内で生じた資産や1年以内に現金化（ないし費用化）が予定されている資産を表します。前者には売上に対する未収入金を表す売掛金や，販売の対象となる商品などがあります。流動資産はさらに**当座資産**と**棚卸資産**に分けられることがあります。当座資産とは現金や有価証券など比較的短期に資金化できるものをいい，棚卸資産は販売というハードルを越えなければ資金化できないものをいいます。

【固定資産】

　固定資産とは1年を超えて事業活動に利用するために保有する資産をいいます。固定資産は有形固定資産，無形固定資産，投資その他の資産に分類されます。有形固定資産とは，建物，備品，土地，車両，構築物のように具体的な形態をもつものです。無形固定資産とは，ソフトウェアや特許権のように具体的な形態をもたないものです。投資その他の資産とは，1年を超えて保有する株式や債権などを指します。

負債の部（他人資本）―資本の調達源泉―

　負債とは，企業外部の第三者に対して返済の義務がある債務のことです。

【流動負債】

　流動負債とは，営業サイクル内で生じた買入債務のほか，短期借入金などの1年以内に返済を要する負債を表します。また，1年以内に返済予定の長期借入金や社債なども流動負債に分類されます。

【固定負債】

　固定負債とは，1年以上返済する必要がない負債を表します。長期の借入金や社債などが該当します。

純資産の部（自己資本）―資本の調達源泉―

　純資産には，株主などから集めた出資金（拠出資本）や企業の利益の積み上げ（留保利益），損益計算書には入らない資産や負債の価値の変動額（評価換算差額）が含まれます。

【株主資本】

　株主資本とは，純資産のなかで株主が所有する項目のことです。株主からの

出資額を表す資本金や資本剰余金と，企業の最終利益が積み上げられた利益剰余金とに分類されます。

 ### 貸借対照表の配列方法（流動性配列法・固定性配列法）

　貸借対照表の資産の部と負債の部の科目の並べ方には，流動・固定の順に配列する流動性配列法と，固定・流動の順に配列する固定性配列法があります。通常は，「企業会計原則」などの会計ルールによって，流動性配列法によることが定められています（図表4-4）。

図表 4-4　貸借対照表の構造

5.　キャッシュ・フロー計算書

 ### キャッシュ・フロー計算書とはどんな書類なの

　キャッシュ・フロー計算書は，1 会計期間に企業に実際どれだけ資金が入って来て，どれだけ資金が出ていったかというお金の流れ（キャッシュ・フロー）を表す報告書です。具体的には，1 会計期間に，どれだけ資金を得たのか，どれだけ投資したのか，またどれだけ資金を調達したのか，その結果として，現在どれだけの資金が手元にいくら残っているのかを表しています。

　損益計算書に示される収益や費用の差額である利益や，貸借対照表で示される資産・負債の増減は，必ずしもお金の動きと結びついているわけではありません。そのため，利益が計算された期間に同じだけの現金が増えるわけではあ

りません。たとえば，商品を販売して代金を後日受け取ることにした場合，入金はなくとも収益を計上することになるからです。

　一方，その収益を得るために，原材料や商品を仕入れ，広告宣伝費や水道光熱費といった経費を支払った結果，ある程度の利益が出たとします。しかし，代金の回収が遅れるなどした場合，一定期間の現金支出が現金収入を上回り，資金不足になることがあります。このような状況に陥ると損益計算書上では利益が出ていても現金が減ってしまい，最悪の場合，倒産してしまうことになります。利益が出ているのに倒産してしまう状況を「黒字倒産」といいます。

　そのため，企業の利害関係者は，利益に関する情報の他に，資金に関する情

キャッシュ・フロー計算書

全経商事株式会社　　20×1年4月1日～20×2年3月31日

（単位：千円）

Ⅰ　営業活動によるキャッシュ・フロー（直接法）	
営業収入	212,000
商品の仕入による支出	△153,000
その他の営業支出	△45,900
営業活動によるキャッシュ・フロー	13,100
Ⅱ　投資活動によるキャッシュ・フロー	
有価証券の取得による支出	△4,000
有形固定資産の取得による支出	△6,000
利息及び配当金の受取額	300
投資活動によるキャッシュ・フロー	△9,700
Ⅲ　財務活動によるキャッシュ・フロー	
短期借入による収入	13,000
短期借入金の返済による支出	△9,000
利息の支払額	△700
配当金の支払額	△1,000
財務活動によるキャッシュ・フロー	2,300
現金及び現金同等物の増減額	5,700
現金及び現金同等物の期首残高	10,780
現金及び現金同等物の期末残高	16,480

報も必要としており，キャッシュ・フロー計算書が非常に重要な役割を果たします。

キャッシュ・フロー計算書

全経商事株式会社　　　20×1 年 4 月 1 日〜20×2 年 3 月 31 日

（単位：千円）

Ⅰ　営業活動によるキャッシュ・フロー（間接法）	
税引前当期純利益	16,750
減価償却費	2,900
のれん償却費	100
貸倒引当金の増加額	500
受取利息及び配当金	△300
支払利息	700
売上債権の増加額	△3,000
棚卸資産の増加額	△5,550
仕入債務の増加額	1,000
営業活動によるキャッシュ・フロー	13,100
Ⅱ　投資活動によるキャッシュ・フロー	
有価証券の取得による支出	△4,000
有形固定資産の取得による支出	△6,000
利息及び配当金の受取額	300
投資活動によるキャッシュ・フロー	△9,700
Ⅲ　財務活動によるキャッシュ・フロー	
短期借入による収入	13,000
短期借入金の返済による支出	△9,000
利息の支払額	△700
配当金の支払額	△1,000
財務活動によるキャッシュ・フロー	2,300
現金及び現金同等物の増減額	5,700
現金及び現金同等物の期首残高	10,780
現金及び現金同等物の期末残高	16,480

　キャッシュ・フロー計算書の表示方法には直接法と間接法があります。直接法とは営業収入と営業支出の総額を表示する方法であり，間接法とは純利益に必要な調整を加えて表示する方法です。多くの企業では間接法を採用しています。これは貸借対照表や損益計算書との関係が明確になるだけではなく，純利

益を調整して作成するため，非常に簡単に作成できることが理由として考えられます。

 ## ３つの活動区分

キャッシュ・フロー計算書は，１会計期間におけるキャッシュ・フローを，**営業活動・投資活動・財務活動**の３つに区分して表示します。

【営業活動によるキャッシュ・フロー】

主たる営業活動（本業）の収入から支出を差し引いて，増減した資金を表します。プラスの場合は，企業の本業による収入が支出を上回っており，余った資金で投資を実施することや，借入金の返済にもあてることができます。マイナスの場合は，逆に支出が収入を上回っていることを意味し，状況によっては保有している株式を売却したり，新規で借り入れを行ったりして，資金を調達しなければなりません。

また，過去と比較して資金が増加していれば，本業から順調に資金が得られているといえます。これに対して減少していれば，本業に資金上の問題が生じている可能性が考えられます。

【投資活動によるキャッシュ・フロー】

企業の投資活動による資金の出入りを表しており，建物などの固定資産や株式などの購入・売却で生じた資金の流れを表しています。投資活動によるキャッシュ・フローはマイナスとなることが多いです。成長企業ほど設備投資などの固定資産への先行投資が増えるためマイナスの傾向が大きくなりますが，最大でも営業活動によるキャッシュ・フローの範囲内で行うことが安全であるといわれています。逆にプラスの場合は，本業に必要な資産を売却して資金を捻出している可能性があり，資金繰りが厳しいことが予想されます。

【財務活動によるキャッシュ・フロー】

　企業の財務活動に伴う資金の出入りを表しています。たとえば，株式・社債の発行や新規借り入れによる収入，借入金の返済・社債の償還や配当金の支払いによる支出などが含まれます。マイナスの場合は借入金の返済や社債の償還が進んでいる可能性があり，プラスの場合は株式の発行や新たな借入で資金を調達しているとみることができます。とくにマイナスの場合は，営業から生み出された資金の範囲で返済が行われているかを確認する必要があります。

 ## フリー・キャッシュ・フロー

　営業活動によるキャッシュ・フローと投資活動によるキャッシュ・フローを合計した金額を**フリー・キャッシュ・フロー**といいます。これは，企業が自由に使用できるお金を意味します。フリー・キャッシュ・フローは，プラスであることが望ましく，フリー・キャッシュ・フローがマイナスの場合，手元の資金が不足傾向にあることを意味しています。

　ただし，フリー・キャッシュ・フローが大きければよいというものでもなく，企業が自由に使える資金があるならば，企業は有効に活用しなければなりません。将来の事業の発展のために先行投資を行うことや，財務内容の改善のための借入債務の返済などにあてたり，配当などで株主への還元を行ったりすることも活用方法の 1 つです。

《練習問題》

　2 社以上の企業の財務諸表をインターネットから入手し，それぞれの財務諸表にどのような特徴点がみられるかについてレポートしてみよう。

《ステップアップ》

　伊藤邦雄［2020］『新・現代会計入門（第 4 版）』日本経済新聞社。

　上野清貴［2018］『財務会計の基礎（第 5 版）』中央経済社。

第5章

会計は企業経営にどう役立つの
—管理会計—

本章のポイント

① 管理会計は，企業経営を行う際に必要な会計情報を提供します。

② 管理会計は，会計規制（法や会計基準）に縛られない会計情報を提供します。

③ 管理会計情報には，貨幣単位のみならず，物量単位や各種の比率など，非財務的指標も含まれます。

④ 管理会計は，意思決定会計と業績管理会計に大別されます。

⑤ 設備投資の意思決定と CVP 分析を題材として学びます。

　第1章で学んだように，会計の領域にはさまざまなものがあります。この章では，企業経営者をはじめとして，企業組織内部の人々に対して会計情報を提供する管理会計について学んでいきましょう。

　財務会計（詳しくは第8章で学びます）は，財務諸表（貸借対照表，損益計算書，株主資本等変動計算書，キャッシュ・フロー計算書など）により経営活動の結果としての会計情報について，貨幣額を用いて社外の利害関係者（株主や債権者など）に情報を提供する点に特徴があります。

　これに対して，管理会計は，今後企業経営を行う際に必要な会計情報を企業内部の利害関係者（経営者や管理者）に提供するという点に特徴があります。財務会計が主に過去情報を取り扱っているのに対して，管理会計は，過去のみならず，現在・未来に向けた会計情報を取り扱っているともいえます。

　管理会計情報は，企業内部で作成して利用されますので，法律（会社法，金融商品取引法，法人税法など）や会計基準といった法制度等による規制がありません。つまり，自社の経営に役立つものであれば，自由に情報を作成することができます。すでに会計の特徴として，貨幣単位で物事を把握する点を学び

ましたが，管理会計情報には，貨幣単位のみならず，重さや時間などの物量単位や各種の比率など，非財務的指標も含まれている点にも特徴があります。

1. 管理会計とは

 管理会計は企業経営に必要不可欠なもの

会計は，さまざまな立場の人や組織に対して情報を提供します。

何か意思決定をするときに，まったく情報がない人と適切な情報をもっている人ではどちらのほうが，よりよい結果を得ることができるか考えてみてください。やはり，適切な情報をもっている人のほうがよりよい結果を得られるでしょう。

皆さんがラーメンチェーン店の経営者だとすると，利益をより多く稼ぐためにどのような利益計画や予算案を作りますか。また，計画などをどのように実施しますか。実際の企業経営では，組織内の人的資源や物的資源などをより効率的に動かしたり，使ったりすることが必要となります。そのための情報を会計が提供してくれるのです。

特に管理会計は，経営者や管理者の意思決定や管理目的に役立つ情報を提供してくれます。ここで「役立つ」と書いていることからわかるように，貨幣額で示される情報以外のさまざまな情報（物量情報や時間など）も提供してくれます。さらに言えば，企業の目的や規模，業種などが違っていれば，当然ながら管理会計の仕組みや提供する情報は異なってくることになります。

 意思決定会計と業績管理会計

管理会計は，内容面から大きく分類すると，**意思決定会計**と**業績管理会計**に大別されます。

　意思決定会計は，経営者や管理者などが意思決定を行うために必要・有益となる情報を提供するための会計であり，戦略管理会計や事業評価会計とも呼ばれます。

　業績管理会計は，企業内の個人や組織の業績管理を行うのに必要となる情報を提供するための会計であり，責任会計や業績評価会計とも呼ばれます。

企業組織と管理会計

　企業はその規模に応じて，さまざまな**企業組織**を編成しています。たとえば，社長が1人で経営している企業の場合は，従業員がいませんから，意思決定も業務も自らが行うことになり，**組織階層**はありません。また，少数の従業員を雇用する規模の小さな企業（たとえば，小規模零細企業）であれば，経営者の管理が比較的行き届きますので，複雑な組織階層を必要としません。

　これに対して，企業規模が大きくなっていき，多数の従業員を雇うようになると，経営者は1人ですべての業務や意思決定を行うことが困難になってくるため，従業員を指揮監督する管理者を必要とし，**管理組織**を形成することになります。そして，経営者は，その管理者に責任と権限を委譲して（譲り渡して），管理機能の一部を代行させることになります。

　従業員を編成した組織は**作業組織**といいますが，その上に管理者集団で編成した組織である管理組織が積み上げられることにより，複数の階層から構成される企業組織が形成されています。単純化して図示すると図表5-1のようなピラミッド構造で示すことができます。

図表 5-1　階層的管理組織の構造

経営者

中級管理者

下級管理者

一般従業員

管理組織

作業組織

企業組織

管　理

（出典）上総康行［1993］『管理会計論』新世社，54 頁をもとに作成。

2.　意思決定会計

 戦略的意思決定と業務的意思決定

　意思決定会計では，管理組織の経営者や管理者などによって行われるさまざまな意思決定に必要な会計情報を提供します。

　意思決定会計には，企業の基本目標や経営戦略，中長期的な経営計画（たとえば，設備投資計画）など，企業の経営構造を根本的に変化させるような重大な意思決定に関わる**戦略的意思決定**があります。管理組織の中でも主として経営者が行う意思決定です。

　また，比較的重要性が低く，短期的な日常業務上の**業務的意思決定**（たとえば，外部委託するか否かや，追加注文を受けるか否かなど）もあります。こちらは主として管理者が行う意思決定です。

　いずれの意思決定にも共通するのは，いくつかの代替的な選択肢の中から最善の選択肢を選ぶ作業であり，そのために会計情報を必要とする点にあります。

　ここでは，現在保有している設備からより高性能な新設備への更新に伴う設備投資の意思決定（取替投資）に関する簡単な設例を題材として，意思決定会計を実際に学んでいきましょう。

【設例 1】

　経営者の立場で，ラーメンチェーン店の各店舗（ラーメン屋）における設備投資案について最適な意思決定を行いなさい。

＜設備投資案①＞

・各店舗におけるコンロを 700,0000 円かけて最新のものに交換する。

・最新のコンロでは，火力調節がより細かく行え，熱効率がよいため，ガス代が毎月 10,000 円節約できる効果が見込まれる。

・最新のコンロは今後 6 年間使用することができる見通しである。

＜設備投資案②＞

・現在使用しているコンロを今後も 6 年間そのまま使用する。

（問 1）

　経営者（あなた）は，設備投資案①と②のどちらを選択しますか。

（問 2）

　最新のコンロを交換するのに 800,000 円かかる場合には，経営者（あなた）は，設備投資案①と②のどちらを選択しますか。

＜解説＞

（問 1）

　各店舗でコンロを最新のものに交換するか，現在のものをそのまま使い続けるかという 2 つの選択肢の中から，最善の意思決定を行う際に用いるのが意思決定会計です。

　設備投資案①では，700,000 円かけて最新のコンロを導入すると，ガス代は毎月 10,000 円安くなるため，現在のコンロより毎年 120,000 円（＝10,000 円×12 か月）のガス代を少なくすることができます。この最新のコンロは 6 年間使用できるということですから，720,000 円（＝120,000 円×6 年）のガス代節約効果があります。そのため，700,000 円かけてコンロを取り替えたとしても，その後の 6 年間で 720,000 円のガス代を節約できるので，設備投資案①を採用し，最新のコンロを導入した方が 20,000 円分（＝720,000 円－700,000 円）有利ということになります。

　したがって，上記の会計情報をもとにすると，設備投資案①を選択することになります。

（問 2）

　もし，最新のコンロと交換するのに 800,000 円かかる場合には，設備投資案①と②のいずれを選択するべきかというのが問 2 です。問 1 で最新のコンロのガス代節約額 6 年間で 720,000 円ということがわかっているので，最新のコンロが 720,000 円以上するのであれば，現在のものをそのまま使用するほうがよいということになります。問 2 では，最新のコンロと交換するのに 800,000 円かかるので，80,000 円分（＝800,000 円 − 720,000 円）設備投資案②のほうが有利となります。したがって，設備投資案②を選択することになります。

　意思決定では，代替案の中から選択をする際に，それぞれの案について計量化したり，代替案の評価をしたりすることが大切です。その基礎情報を提供するのが管理会計なのです。

 ## 特殊原価

　原価計算制度における原価（支出原価）については第 6 章で学ぶことにして，ここでは，意思決定のための原価概念である**特殊原価**について，①機会原価，②差額原価，③埋没原価の 3 つを学びましょう。

①　機会原価（Opportunity Cost）

　機会原価は，複数ある代替案のうち 1 つを選択し他の選択肢をあきらめた結果として失われる利益のことをいいます。機会費用や逸失利益ともいわれます。

　設例 1 の問 1 では，最新のコンロに買い換える設備投資案①のほうが現状維持の設備投資案②より 20,000 円分有利でした。もし経営者が現在のコンロを使い続けるという設備投資案②を採用したとしましょう。そうすると，設備投資案①を選択していれば 20,000 円分の利益が生じたのに，設備投資案②を選択したがためにその利益を得られませんでした（逸失しました）。この場合の機会原価は，設備投資案①を断念した機会の利益である 20,000 円となります。

　機会原価は，意思決定を行う際に重要な意思決定原価ともいえます。

② **差額原価**（Differential Cost）

　差額原価は，複数の選択肢同士を比較したときに出る差額（原価の変動値）のこといいます。設例 1 の問 1 の場合，最新のコンロを 700,000 円で購入するのが設備投資案①で，購入しないのが設備投資案②でした。ここで設備投資案①と②の間には 700,000 円の差が生じます。これが差額原価です。

　また，最新のコンロを導入したことによって，設備投資案①では 6 年間で 720,000 円のガス代が節約できますが，設備投資案②では 0 円のガス代節約となります。これも差額原価となります。

　それぞれの選択肢間にどれだけの差（差額）があるのかを示してくれる差額原価は，意思決定のための重要な意思決定原価となります。

③ **埋没原価**（Sunk Cost）

　埋没原価は，複数の選択肢同士を比較しても差が出ない部分のことです。今後行う意思決定に影響しない原価であり，意思決定を行う際に考慮する必要はありません。複数の選択肢を比較した際に，どちらも同じである部分（たとえば，過去に支出済みの原価であり回収できない原価）については考慮する必要がないのです。

　設例 1 の場合，コンロを最新のものに替えても替えなくても発生する原価が埋没原価となります。たとえば，店舗の家賃や従業員の給料などがこれにあたります。これらの費用は，コンロを最新のものに替えても替えなくても同じ金額が発生しますので，設備投資案の①と②を比較する際は埋没させて（考慮外として）考えます。ただし，最新のコンロを導入すると従来のコンロと比べてメンテンナンスにより多くの時間がかかるため，従業員の給料が 30,000 円追加的に発生するというような場合は，埋没原価だった従業員の給料は，差額原価（意思決定の結果として変化する原価）に変わります。

3. 業績管理会計

 計画設定と統制

　管理会計は，階層的な組織構造の中で，経営者（社長）が自社の経営目標や戦略を実現させるために，中級管理者（部長）や下級管理者（課長），一般従業員（社員）の行動を**計画設定**したり，**統制**したりする機能も有しています。

　経営者は自社の経営目標を実現し利益を獲得するためにさまざまな企業活動を展開します。その活動は，思いつきや気分に左右されるものではなく，企業目的や将来の結果を見据えて計画されたものでなければなりません。

　実際の企業では，まず企業目標が設定されます。そして全社的で長期的な視点から経営戦略が策定されます。さらに経営戦略を実現するために，長期経営計画（5～10年）や中期経営計画（3～5年）が設定されます。中長期経営計画を実行するためには，短期計画（1年）が設定されることになります。

　経営目標や各種計画は，言葉や文章で作成されるだけではありません。貨幣的・数量的に表現された利益計画や予算計画，数値目標も作成されます。

　計画設定が大変すばらしいものであっても実現しなければ，絵に描いた餅となってしまいます。そこで，経営者は設定された計画が実現するように，利益計画や予算を管理者に伝達したり，従業員の動機づけを行ったりします。このようなプロセスは統制といわれます。

　ここでは，利益計画を立てるための方法として，CVP分析に関する簡単な設例を題材として学んでいきましょう。

 損益分岐点分析（CVP分析）

　企業活動を行った結果として，利益が獲得できるか，損失を発生させるかの分岐点を**損益分岐点**といいます。この損益分岐点を超えた企業活動を行えば利

益を獲得できますし，下回ると損失が出てしまいます。したがって，経営者や管理者は，損益分岐点がどこなのか，利益を獲得するためにはどれだけの売上高が必要なのか，費やすことのできる費用（原価）はいったいいくらまでなのかを知っておく必要があるのです。

　損益分岐点分析は，一般に **CVP 分析**といわれますが，「C」は「Cost（費用）」，「V」は「Volume（販売量）」，「P」は「Profit（利益）」を意味しています。

　以下では，具体例を使って CVP 分析を実際に行ってみましょう。

【設例2】

　以下のラーメン屋についての CVP 分析に関する問 1，問 2 に答えなさい。

＜ラーメン屋の設定＞

・このラーメン屋で提供しているラーメンは 1 種類しかなく，1 杯 900 円で販売している。

・ラーメンの原価（材料費など）は，1 杯当たり 400 円である。

・原価以外の費用は，従業員の給料（300,000 円／月）と店舗の家賃（月額 200,000 円／月）のみとする。

・材料は必要な分しか発注しないため，月末に使い残しは発生しない。

（問 1）

　このラーメン屋で，月間で利益を出すためには何杯のラーメンを販売する必要がありますか？

（問 2）

　このラーメン屋で，月間 500,000 円の利益を出すには，何杯のラーメンを販売する必要がありますか？

＜解説＞

（問 1）

　最初に，ラーメン 1 杯を売るといくらの利益が出るのかについて，計算してみましょう。

$$販売価格（900 円）－原価（400 円）＝ラーメン 1 杯あたりの利益（500 円）$$

　つまり，1 杯売れるたびに 500 円の利益が出ます。しかし，このラーメン屋では，1 か月あたり従業員の給料 300,000 円と店舗家賃 200,000 円がかかるため，

月間の利益を出すためには，たくさんラーメンを販売して，この分を稼がなければなりません。1杯あたり500円の利益を積み上げていき，500,000円（＝給料300,000円＋店舗家賃200,000円）をまかなう必要があるわけです。

　1杯500円の利益で500,000円をまかなうには，何杯のラーメンを販売すればいいのかを計算してみましょう。

　　　500,000円÷500円＝1,000杯

　つまり，このお店では，ラーメンを毎月1,000杯販売すれば，少なくとも赤字にはならないことがわかります。そして，このような情報があれば，赤字にならないためには，1か月25日営業するとした場合，1日当たり40杯（＝1,000杯÷25日）販売すればよいということもわかります。

（問2）
　このラーメン屋で利益目標である月間500,000円を出すにはいったい何杯のラーメンを販売する必要があるのかと考えて計算します。X杯販売した時の利益が500,000円になると考えると次の式が成立します。

　　　販売価格(900円)×X杯－原価(400円)×X杯
　　　－従業員給料(300,000円)－店舗家賃(200,000円)
　　　＝利益500,000円

　販売価格から原価，従業員給料，店舗家賃を差し引いた利益が500,000円になるという式です。この式を解くと，次のとおりです。

　　　500X＝1,000,000円となり，X＝2,000杯と計算できます。

　つまり，1か月で2,000杯のラーメンを販売できれば，月間で500,000円の利益を出すことができるということがわかります。残念ながら1,999杯では，利益目標の金額に到達しません。このような計算がCVP分析です。

CVP 分析のまとめ

　CVP 分析で必要となる項目について，①変動費，②固定費，③貢献利益，④損益分岐点，⑤損益分岐点図表の 5 つを学びましょう。

①　変動費

　変動費は，販売量が増えると増加する費用のことです。設例 2 でいうと，ラーメンの原価（材料費など）が該当します。ラーメンの材料費は，ラーメンが売れれば売れただけ多くかかりますし，ラーメンが 1 杯も売れなければまったくかからない費用です。したがって，設例 2 での変動費はラーメン 1 杯あたりの原価である 400 円です。

　なお，売上高に占める変動費の割合を変動費率といいます。

②　固定費

　固定費は，販売量に関係なく一定額が発生する費用のことです。設例 2 でいうと，従業員の 1 か月あたりの給料 300,000 円と 1 か月あたりの店舗家賃 200,000 円が該当します。固定費は，ラーメンが売れても売れなくてもかかる費用です。したがって，設例 2 での固定費は 1 か月あたり 500,000 円です。

③　貢献利益（限界利益）

　貢献利益は，売上高から変動費を差し引いた金額のことです。

　　　　貢献利益(500 円) = 売上高(900 円) － 変動費(400 円)

　設例 2 ではラーメン 1 杯あたりの利益（500 円）が該当します。販売量当たりの貢献利益が大きい場合，販売量が少なくても固定費をまかなうことができますが，反対に販売量当たりの貢献利益が少なければ，固定費をまかなうのには多くの販売量が必要となります。

　なお，（1 － 変動費率）で求められる率を貢献利益率（限界利益率）といいます。

④ **損益分岐点**

損益分岐点は，損失と利益が分岐する点のことです。いいかえれば，貢献利益によって固定費をすべて回収し終わったときの販売量ないし売上高を示しています。関連する言葉として，損益分岐点販売量は，損益がトントン（±0）になる販売量のことを指します。設例2の問1の場合1,000杯です。また，損益分岐点売上高は，損益がトントン（±0）になる売上高のことを指します。設例2の問1の場合900,000円（＝900円×1,000杯）です。

損益分岐点は，次の式で求められます。

$$損益分岐点販売量 = 固定費 \div (販売単価 - 単位当たり変動費)$$
$$= 固定費 \div 単位当たり貢献利益$$
$$損益分岐点売上高 = 固定費 \div (1 - 変動費率)$$
$$= 固定費 \div 貢献利益率$$

⑤ **損益分岐点図表**

CVP分析は，売上高（販売量）が変化すると原価と利益はいったいどのように変化するのかを分析する方法ですが，原価と売上高（販売量），利益の関係を図で示すと図表5-2・5-3のとおりです。ここでは2つのパターンの図表

図表 5-2 損益分岐点図表 (変動費重視)

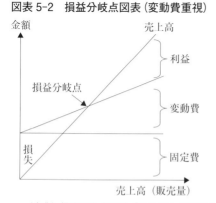

図表 5-3 損益分岐点図表 (固定費重視)

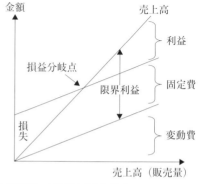

（出典）櫻井通晴［2019］『管理会計（第7版）』同文舘出版，240頁をもとに作成。

を示しておきましょう。

　変動費重視の図表 5-2 では，変動費が少なくなれば，損益分岐点が左に移動して，早く利益を獲得できることを理解するのに適しています。また，固定費重視の図表 5-3 では，固定費が少なくなれば，損益分岐点が左に移動して，早く利益を獲得できることを理解するのに適しています。

統制と業績評価

　CVP 分析をはじめとして，企業活動に関する各種資料を基礎として利益計画が作成されると，その結果を受けて予算が編成されます。企業予算は，経営活動の計画を計量的に表現したものです。経営者は企業予算を使ってマネジメント・コントロール（総合管理）を行うことになるのです。

　設例 2 では，1 か月で 500,000 円の目標利益を稼ぐためには，2,000 杯の販売が必要でした。必要となる売上高でいえば，1,800,000 円（＝2,000 杯×900 円）です。また，ラーメンの原価（材料費など）は，1 杯当たり 400 円という条件でした。この原価は，目標利益を獲得するために許容される原価です。

　このようにさまざまな条件の下で CVP 分析を行ったわけですが，条件が変化すれば当然ながら結果も異なってくることになります。そこで経営者は利益計画や企業予算が達成されるように，管理者や従業員といった組織参加者に対して，動機づけを行うことになります。また，企業活動を指揮すると同時に，設定した計画にズレが生じた場合に必要な是正措置を取ることになります。これが統制です。

　設例 2 で従業員の給料は，1 か月 300,000 円でしたが，目標利益を達成することができれば，追加的にボーナスが出るとしましょう。そうすると従業員は，より多くのラーメンを売ること（売上拡大）に力を入れることになります。個人の目標（ボーナスというインセンティブ）と，企業目標（利益目標）との間に整合性が図られ，動機づけが業績を高めることに寄与するわけです。

　逆に予算と実績の間で隔たりがあり，予算差異が計算された場合には，何が原因であったのかその分析が行われます。たとえば材料費を 20 円多く使いす

ぎていたことがわかれば，差異の改善（材料費の 20 円低減）に向けた修正行動（原価低減）をとることになります。このように差異分析を通じても企業活動は統制されているのです。

《練習問題》

1) 意思決定会計と業績管理会計について説明してみよう。
2) 設例 1 の設備投資案①において，最新のコンロは今後 5 年間使用できると条件を変更した場合の意思決定について考えてみよう。
3) 設例 2 の問 2 において，月間 800,000 円の利益を出すには，何杯のラーメンを販売する必要があるか考えてみよう。

《ステップアップ》

櫻井通晴［2019］『管理会計（第 7 版)』同文舘出版。

園田智昭［2017］『プラクティカル管理会計』中央経済社。

山本浩二他［2015］『スタンダードテキスト管理会計論（第 2 版)』中央経済社。

《資格試験に向けて》

意思決定会計や CVP 分析は主に全経簿記 1 級や日商簿記検定 2 級から出題されます。全経簿記上級や日商簿記 1 級では，より細かな条件が設定され，より実務に近い内容の問題が数多く出題されていますので，挑戦してみてください。

第6章

モノがいくらでできたかは どうやって決まるの
―原価計算―

本章のポイント

① 原価計算とは，製品がいくらでできているかを把握する方法です。

② 原価計算の情報は，財務諸表を通じて企業外部の利害関係者に，また経営に役立つ情報として企業内部の利害関係者に提供されます。

③ 原価の計算は費目別計算，部門別計算，製品別計算の3段階で行われます。

④ 受注生産では個別原価計算が，大量生産では総合原価計算が使われます。

⑤ 総合原価計算は，生産方法の違いによって単純総合原価計算，組別総合原価計算，等級別総合原価計算の3種類に分類されます。

　これまで，財務諸表の作成や財務分析による企業の健康度チェックなど，会計情報を用いて企業を外側から分析してきました。それによって，企業の健康状態や成績評価について学習してきたわけです。では逆に，企業を内側からみたらどうでしょうか。この章では，企業を内側から分析し，経営の舵取りをうまく行っていくために必要な会計情報として，製品の原価がどのように計算されているのか，原価計算はなぜ必要なのか，その役割と方法について学習しましょう。

1. 原価計算はなぜ必要か

 ラーメンにはどんな費用がかかっているか

　第5章の管理会計の章で，ラーメンの設例を使ったCVP分析や意思決定について学びました。そこではラーメン1杯の販売価格と材料費などが示されたうえで，損益分岐点の分析や意思決定が行われていました。では，実際にラーメンが1杯いくらでできたかをどうやって計算し，販売価格はどうやって決めているのでしょうか。つまり，ラーメン1杯の販売価格をいくらにして，どれだけのラーメンを販売すれば利益がどれだけ獲得できるかを計算するためには，まずラーメンが1杯いくらでできているかを知ることが必要です。そして，いくらでできているかを知るために，企業では原価計算が行われています。

　原価計算では，製品を作るためにどれだけの材料を購入し，労働力を費やし，さまざまな経費がかかっているかを計算し，いくらでできたかを製品ごとに計算しています。たとえばラーメンであれば麺や具材，スープなどが必要になるので，それらを材料として消費した分の金額が**材料費**です。また，それらの材料を調理してラーメンを作るためには，店員に働いてもらう必要がありますので，その店員に対して賃金を払っています。これが**労務費**です。さらに，調理用機械の減価償却費などは，ラーメンを完成させるために必要な**経費**です。

図表6-1　ラーメンを作るために必要な原価

　ここではラーメンを作るために必要なものの一部を示していますが，これ以外にもラーメンを作るためにはさまざまな材料や労働力，経費が使われています。そして，それらの金額も材料費，労務費，経費のいずれかに分類されて，製品を完成させるために必要な原価として集計されます（図表6-1）。

原価計算は誰のためにするのか

　原価計算は，株主や投資家などといった企業外部の利害関係者に対して情報を提供するという役割と，経営者や管理者などといった企業内部の利害関係者に対して情報を提供するという役割の両方の側面をもっています。企業外部の利害関係者に対しては，第4章で学習した貸借対照表や損益計算書に示される棚卸資産としての材料や製品，作りかけの製品を表す仕 掛 品などを計算し，適切な金額を示すために必要な情報を提供しています。とくに損益計算書に示される当期製品製造原価の金額については，その内訳を示したものを製造原価報告書とよび，製品を作るためにどれだけの材料費，労務費，経費が消費されたかを区分して表示し，完成品を作るためにいくらかかったかを計算して示しています（図表6-2）。

　また企業内部の利害関係者に対しては，第5章の管理会計の章で詳しく学習したように，企業が経営を行ううえで必要な意思決定などに役立つ情報を提供しています。たとえば，製品の価格をいくらに設定すれば損しないかを考えるために，その製品がいくらでできたのかを知る必要がありますし，さらに多くの利益を生み出すために原価を減らしたいと考えるとき，どの要素の金額がどれだけ発生しているのかを知ることによって，無駄のある箇所や発生する金額を削減できる箇所をみつけるきっかけにもなります。このように，企業の経営者や管理者が企業の戦略などを実現するための手段を考えるさいに必要な情報を提供することが，原価計算に求められている役割です。

図表 6-2　株式会社幸楽苑ホールディングスの製造原価明細書（一部）

区　　分	注記番号	前事業年度 （自　2019年4月1日 至　2020年3月31日）		当事業年度 （自　2020年4月1日 至　2021年3月31日）	
		金額（千円）	構成比（％）	金額（千円）	構成比（％）
Ⅰ　材料費		3,854,386	77.9	2,687,873	75.0
Ⅱ　労務費		514,319	10.4	476,546	13.3
Ⅲ　経　費		577,399	11.7	421,107	11.7
当期総製造費用		4,946,105	100.0	3,555,527	100.0
期首仕掛品棚卸高		13,857		11,219	
合　　計		4,959,962		3,596,746	
期末仕掛品棚卸高		11,219		11,313	
当期製品製造原価		4,948,743		3,585,432	

（出典）　株式会社幸楽苑ホールディングス第51期有価証券報告書より一部抜粋・改変。

2.　原価を計算する方法

 ### 直接的に製品の一部になる原価とならない原価

【設例】

ラーメンを作るために，次の材料や設備などが必要になるとします。
- ▶麺：1杯当たり50円
- ▶具材（チャーシューなど）：1杯当たり100円
- ▶スープ用材料（鶏ガラなど）：1杯当たり200円
- ▶調理する店員の賃金：1杯当たり200円
- ▶調理用機械などの減価償却費：1か月に500,000円

今月は10,000杯のラーメンを販売している。

　設例を具体的にみていきましょう。ラーメンを作るために必要な麺や具材，スープなどは，どれも製品であるラーメンの一部になっています。また，ラーメンを作るために必要な店員の賃金も，ラーメンを作るという作業を直接的に行っているので，ラーメンを作って提供する工程の一部と考えます。このよう

に，完成品を作るために直接的に消費した原価のことを**製造直接費**といいます。

それに対し，調理用機械などはラーメンを作る作業の全体に対して発生した原価であり，同じ機械で 10,000 杯分のラーメンを作ることになるので，調理用機械の減価償却費などがラーメン 1 杯を作るためにいくらかかったかを計算することはできません。このように，発生した金額を 1 つ 1 つの製品に正確に結びつけることができない原価のことを**製造間接費**といいます。そして発生した原価は，製品との関わりで製造直接費か製造間接費のどちらかに区分されることになります（図表 6-3）。

図表 6-3　製造直接費と製造間接費

麺
具材
スープ
など
（材料費）

完成品 1 つ 1 つに直接使った金額がわかる
＝製造直接費

ラーメン 1 杯

ラーメン 1 杯

調理する人の賃金
（労務費）

調理用機械の減価償却費など
（経費）

完成品全体に対して使った金額しかわからない
＝製造間接費

原価の計算には 3 つの段階がある

経営に役立つ情報を提供するためには，ある程度まで原価を正確に計算する必要があります。そこで原価計算では，原価を 3 つの集計段階に区切って計算します。その最初の段階として，**費目別計算**があります。費目別計算では，この章の最初に説明したように，発生した費目ごとに原価を材料費と労務費と経費に分類します。つまり費目別計算によって，製品を製造するために必要とされた金額が，発生した費目ごとに集計されます（図表 6-4）。

次に，費目別に集計された金額をそれぞれの製品に集計し直していきますが，すべての費目で発生した金額を製品に直接結びつけられるとは限りません。そこでまず，製品に直接結びつけることができる製造直接費は，発生した金額を製品にそのまま集計していくことになります。しかし，製品を作るために必要

図表 6-4　費目別計算における原価の分類

		何を消費して原価が発生したか		
		材料費	労務費	経費
製品に直接関連づけることができるか	製造直接費	直接材料費	直接労務費	直接経費
	製造間接費	間接材料費	間接労務費	間接経費

とされた金額を製品に明確に結びつけることができないときは，そのままでは製品に金額を集計することができません。つまり，製品に直接結びつけることができない製造間接費は，どの製品にいくらかかったかを把握できなかった原価の集まりですので，製造間接費の金額が発生した場所に一度集計して，その場所を通った製品に対して原価を割り当てていくことになります。これが2つめの集計段階である**部門別計算**です。

　最後に，製品ごとに製造直接費と製造間接費を集計していきます。これが3つめの集計段階で**製品別計算**です。製品別計算では，製品を作るためにかかった金額をすべて製品ごとに集計し，完成した製品がいくらでできたのか，その

図表 6-5　原価計算の3つの計算段階

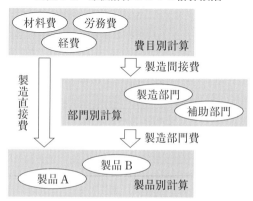

原価を計算して把握します（図表6-5）。

3.　原価計算の第1段階—費目別計算

 材料費，労務費，経費

　原価を費目別に分類するときは，完成品を作るために何が使われて原価が発生したのかによって分けます。たとえば製品を作るために材料となるモノを使うことで原価が発生するときには，材料費に区分されます。また，製品を作るために労働力となるヒトに関連して原価が発生したときは，労務費に区分されます。そして，製品を作るために使われた資源であって，それが材料費となるものでもなく，労務費となるものでもないときは，経費に区分されます。このように，材料，労働力，その他の3つの分類にしたがって，材料費，労務費，経費に区分されます。

　たとえば設例で示したラーメンの材料である麺，具材，スープ用材料は，すべてラーメンを作るために必要な材料の一部となります。そこで，これらを材料費として集計します。またラーメンを作る店員の賃金は，ラーメンを作るために必要な労働力となることから，労務費として集計します。そして調理用機械の減価償却費などは，ラーメンを作るための材料でも労働力でもありませんが，ラーメンを作るために必要な原価です。そこで，ラーメンを作るために必要となるもので，材料でも労働力でもないものについては，経費として集計されます。

 製造直接費と製造間接費

　製品を作るために消費された材料費，労務費，経費は，その消費の仕方によって製品への集計の方法が変わります。たとえば同じ材料費であっても，製品の

一部として直接消費される部分と，そうでない部分とがあります。このように，直接的に製品の一部となる原価を製造直接費とよび，材料費であれば直接材料費，労務費であれば直接労務費，経費であれば直接経費となります。

　設例でいえば，材料費として分類されたもののうち麺や具材，スープ用材料などは，そのまま製品であるラーメンの一部として消費されることになりますので，材料費の直接費，すなわち直接材料費となります。また，労務費として分類されたラーメンを作る店員の賃金についても，製品であるラーメンを作る作業を担っているので，製品の一部として直接消費される製造直接費，すなわち直接労務費となります。

　もちろん，すべての原価について，どの製品にいくら使われたのかを直接関連づけることができるわけではありません。材料費や労務費，経費のなかでも，その金額を直接的に製品の一部として結びつけることができない原価のことを製造間接費とよび，材料費であれば間接材料費，労務費であれば間接労務費，経費であれば間接経費となります。

　先ほどの設例で示した調理用機械の減価償却費などについては，ラーメンを作るためになくてはならない重要な設備ではありますが，1杯のラーメンを作るために調理用機械の減価償却費がいくら消費されるかを測定することはできません。つまり，調理用機械の減価償却費については，どの種類のラーメンを何杯作るとしても同じサービスを提供しており，1杯1杯のラーメンにその金額を割り当てることができないので，製品に金額を結びつけることができない製造間接費，すなわち間接経費となります。

コラム　直接労務費は固定費か

　製品の加工作業に従事している労働者の賃金のことを直接労務費とよびます。以前は製品の加工作業を行う労働者の賃金は作業の従事時間に応じて支払われており，直接労務費は変動費（製造量に応じて比例的に発生する原価）として認識されていました。ところが最近では，多くの企業で加工作業を行う労働者の賃金も月額の固定給制になっています。その結果，実務では直接労務費を変動費ではなく固定費として認識する企業も多いようです。

4.　原価計算の第2段階—部門別計算

 製品を加工する場所の単位を意味する「部門」

　製造間接費は製造直接費とは異なり，1つ1つの製品にその金額を結びつけ
ていくことができないことを先ほど説明しました。しかし，1つ1つの製品に
その金額を結びつけられないからといってそのままにしておくと，正確な製品
の原価が計算できなくなってしまいます。もし正確な製品の原価が計算できな
いとどのような問題が起こるのでしょうか。先ほどの設例で，ラーメンの製造
直接費となるのは麺の1杯50円，具材の1杯100円，スープ用材料の1杯
200円，ラーメンを作る店員の賃金の1杯200円ですので，合計で製造直接費
は550円になります。製造直接費だけを製品の原価として集計してしまうと，
ラーメンは550円以上の値段で販売しても利益が出ると考えてしまいます。し
かし実際には製造間接費として調理用機械の減価償却費などが毎月500,000円
発生しているので，1杯550円で販売すると損失が出てしまうかもしれません。
　そこで，製造間接費も1つ1つの製品に配分する必要があります。では，ど
のように製造間接費を製品に配分すればよいのでしょうか。1つ1つの製品に
直接的に結びつけることができない金額だからといって好き勝手に配分してし
まうと，それはそれで製品の原価が不正確になってしまいます。そこで，製造
間接費は関連があると考えられる適切な基準を利用して，1つ1つの製品に配
分していきます。この配分手続が，2つめの集計段階である部門別計算です。
　製品に製造間接費の金額を直接的に結びつけることができないときは，製品
を作るために加工する作業を行っている場所にその金額を結びつける，という
のが部門別計算の考え方です。加工作業を行っている場所に製造間接費を集計
し，その場所で加工作業が行われた製品に対し，加工作業が行われた製品の数
や行われた加工作業時間などを基準に製造間接費を配分します。そして，加工
作業が行われた場所のことを原価計算では部門といいます（図表6-6）。

図表 6-6　部門別計算の流れ

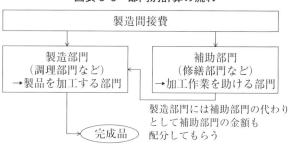

　たとえば先ほどの設例において，今月はラーメンを 10,000 杯分作っていますので，調理用機械などの減価償却費 500,000 円は，製造された 10,000 杯分のラーメンが負担することになります。すなわち，ラーメンを作る作業を行う調理部門に調理用機械などの減価償却費 500,000 円を集計し，調理部門を通過した数量 10,000 杯分でその金額を按分すると，1 杯のラーメンが負担する調理用機械などの減価償却費は 500,000 円÷10,000 杯分＝50 円ということになります。

　もし仮に 1 か月間に作ったラーメンが 100 杯しかなかったとすれば，調理用機械などの減価償却費 500,000 円を，調理部門を通過した数量 100 杯分で負担することになりますので，ラーメン 1 杯分が負担する調理用機械などの減価償却費は 500,000 円÷100 杯分＝5,000 円ということになります。

　部門別計算を行うことで，製造間接費のように製品に対して直接的にその金額を結びつけることができなかったとしても，加工作業を行っている場所を通じて製品に原価を割り当てることにより，ある程度まで製品の原価を正確に計算できるようになります。

 ## 部門にも「直接」と「間接」がある

　製品の加工作業を行う場所にも，「直接」と「間接」の考え方が存在します。たとえば，製品を直接加工する作業を行っている場所のことを，原価計算では**製造部門**といいます。先ほどの設例であれば，ラーメンを作る部門は，ラーメンに必要な材料を直接加工する作業を行っている部門ですので，製造部門に区

分されます。

　それに対し，製品を直接加工していなくても，製造部門が加工作業をするために必要な補助作業をしている部門もあります。たとえば，調理用機械が故障したときに修繕を行う部門は，製品を直接的に製造しているわけではないので製造部門には分類されませんが，機械が故障したときに修繕しなくては製品を作ることができなくなってしまうので，加工作業をするうえで必要な補助作業を行っている部門です。このような部門のことを，原価計算では**補助部門**といいます。

　製造部門では，製品を作るための加工作業そのものを行っていることから，製造部門に集計された金額は製造部門を通過する製品に対して配分することができます。ところが，補助部門では製品を作るための加工作業を直接行っているわけではないので，製品が補助部門を通過することはありません。そのため，そのままでは補助部門に集計された金額を製品に配分することができなくなってしまいます。そこで補助部門に集計された製造間接費は，通過する製品にその金額を配分することを製造部門に委ね，補助部門に集計された金額も製造部門が代わりとなって，通過する製品に配分することになります（図表6-7）。

図表6-7　原価計算の流れ

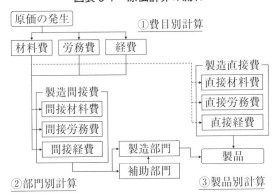

5. 原価計算の第3段階―製品別計算

 ### 汎用品と特注品では原価計算の仕方が違う

　ラーメンの設例もそうですが，多くの製品は工場で大量生産されています。大量生産とは同じものを大量に製造し販売するしくみで，スーパーや家電量販店など，ほとんどのお店では大量に生産された製品を販売しています。大量生産は，消費者に必要とされるものや便利だと感じてもらえるものを企業が調査し，それを製品として製造し販売する方式です。そのため，消費者は企業が製造し販売している製品のなかから必要なものや欲しいものを購入することになります。

　それに対して，特注品のようなケースではしくみが少し異なります。特注品のケースでは，消費者が希望する仕様の製品を企業に依頼し，企業は注文に合った製品を製造し販売するしくみで，受注生産といいます。受注生産では，注文のあった製品と数量だけを製造し販売するので，大量に製造する必要はありません。

　それでは，大量生産と受注生産とで原価計算の方法は同じなのでしょうか。実は，大量生産と受注生産とでは原価計算の方法が異なります。大量生産では同じものを大量に作るので，1つ1つの製品について原価を計算するのは大変です。そこで，1か月間に発生した原価総額を1か月間で製造した製品の数で割って，製品1つ当たりの金額を計算する方法を用います。これを**総合原価計算**といいます。また，受注生産のときは消費者の注文に合わせて製品を個別に作るので，総合原価計算とは違い，1つ1つの製品がいくらでできたのかを個別に計算しなくてはなりません。これを**個別原価計算**といいます。

大量生産のときに使われる総合原価計算

総合原価計算では，同じ製品を大量に製造し販売することから，製品1つ1つに原価を集計していくことが大変です。そこで，ある一定期間に製造した製品の数量と発生した原価を集計し，その期間に発生した原価を製造した製品の数量で割って，1つ1つの製品単価を計算します。このとき，計算の対象として用いられる，ある一定期間のことを**原価計算期間**といいます。あまり長い期間を原価計算期間として設定してしまうと，長期にわたり製品の原価がわからなくなってしまうので，原価計算期間は通常1か月とされています。

大量生産品を製造するときであっても，たとえば菓子や織布を製造している企業のように，1つの製造工程しかない，あるいは部門を設ける必要がない業種では，費目別計算により材料費，労務費，経費に区分した原価をそのまま製品別に集計することがあります。これを単純総合原価計算といいます。

また，たとえば自動車のようにプレス工程，組立工程，塗装工程など複数の製造工程を通過して製品が完成するようなときは，費目別計算，部門別計算，製品別計算の順に原価計算が行われます。このような原価計算を工程別総合原価計算といいます。

コラム　受注生産に使われる個別原価計算

個別原価計算では，消費者から受けた注文ごとに製造指図書とよばれる命令書を作成し，そこに原価を集計していきます。このとき，製品の製造工程が1つしかないなど，部門を設ける必要のない規模の工場であれば，費目別計算により区分された材料費，労務費，経費をそのまま製品に結びつけ，部門別計算を省略することもできます。このように，部門別計算を省略された個別原価計算を単純個別原価計算といい，費目別計算，部門別計算，製品別計算の順で行われる個別原価計算を部門別個別原価計算といいます。

個別原価計算は船舶や航空機，建物などといった製品のように，作り置きができず，細部まで消費者の意見が反映されるような製品の原価計算に用いられます。

総合原価計算には種類がある

　総合原価計算には，生産方法の違いに合わせて製品の原価を計算できるように，単純総合原価計算以外の方法として組別総合原価計算と等級別総合原価計算があります（図表6-8）。

　組別総合原価計算とは，家電などのように同じような製造工程をたどりながらも，異なった製品を製造しているときに使われる原価計算方法です。ここでの「組」とは製品種類のことを表しています。たとえば，同じ企業の炊飯器でも性能が異なる炊飯器Aと炊飯器Bがあるとします。そのとき，炊飯器を作るための製造工程はほとんど変わりませんが，炊飯器の機能や性能が異なれば発生した原価も異なるでしょう。そこで，まず炊飯器Aまたは炊飯器Bに固有の材料費，労務費，経費を把握します。これを組直接費といいます。また，同じ製造工程にある設備の減価償却費のように，炊飯器Aも炊飯器Bも共通に利用して発生した原価を集計します。これを組間接費といいます。組間接費は，関連のある基準に基づいて発生した金額を各製品に配分します。

　等級別総合原価計算は，同じ材料で同じ製造工程をたどり同じ製品を製造しますが，完成品の重さや大きさなどが異なる製品を製造するときに使われる原価計算方法です。洋服などのように同じものでもサイズが異なる製品には，等級別総合原価計算が用いられます。等級別総合原価計算では，発生した原価を配分するために，等価係数とよばれる按分比を用いて，各製品に対して原価を配分します。たとえば，成分は同じでも容器のサイズが異なる薬品を製造する

図表 6-8　製品別計算の体系

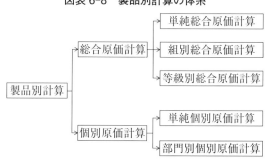

とき，容量に応じて原価を按分します。容器が500gと750gの薬品であれば，それぞれ原価計算すると時間と費用がかかり，効率的ではありません。そこで，500gと750gの薬品に対する等価係数を1：1.5に設定し，等価係数に生産量を乗じた積数の比で按分することで，効率的に原価を配分することができます。

《練習問題》

　1）どのような業種でどのような原価計算手法が適しているか，みんなで考えてみよう。

　2）次の計算例から，製品Aと製品Bの製造原価を計算してみよう。

〔資料〕

　製品Aの直接材料費 250,000円　　　製品Bの直接材料費 300,000円

　製品Aの直接労務費 150,000円　　　製品Bの直接労務費 120,000円

　製品Aの直接経費 　50,000円　　　製品Bの直接経費 　30,000円

　製造間接費 300,000円（製造間接費は直接作業時間で配分する）

　直接作業時間　製品A：100時間　　　製品B：50時間

　なお，当月の初めに製品の在庫はなく，当月製造した製品はすべて販売された。

〔ヒント〕

　製造間接費300,000円は，製品Aの直接作業時間100時間と製品Bの直接作業時間50時間で分けましょう。

　製造原価は直接材料費，直接労務費，直接経費，製造間接費の合計になります。

《ステップアップ》

　岡本清［2000］『原価計算 6訂版』国元書房。

　櫻井通晴［2014］『原価計算』同文舘出版。

　関浩一郎，菅野貴弘［2013］『図説&設例 原価計算の本質と実務がわかる本』中央経済社。

　平木敬［2020］『図解ポケット 今日から使える！　原価計算がよくわかる本』秀和システム。

《資格試験に向けて》

　全経簿記検定および日商簿記検定では2級から工業簿記が試験科目になります。また，初級原価計算もあります。

第 **7** 章

会計情報はどうやってつくられるの
―簿記入門―

--- 本章のポイント ---

① 会計情報は，簿記によって作成されます。簿記は，企業の経済活動を記録するためのしくみです。

② 簿記では，企業の財産に変動をもたらす出来事が記録・計算対象となり，勘定という計算場所を設けて記録を行います。

③ 複式簿記の記録は，個々的にも全体的にも常に借方記入額と貸方記入額とが一致するという関係を貸借平均の原理といいます。

　企業の実態を表す財務諸表（詳しくは第4章参照）は，簿記という技術によって作成されています。会計関連科目を学ぶためには，企業活動を記録する方法である簿記のしくみを知っておくことが大切です。簿記は，企業などがある一定期間でどれくらい儲かったのか，またはどのくらい損したのかを確認して，最終的に企業の財産がどうなったのかを知るための技術のことです。この章では，企業の利益や財産などを表す会計情報がどのように作成されるのか，簿記の作業の大まかな流れをみていきます。

1. 簿記とは

　簿記という用語は，一般に「帳簿記入」や「帳簿記録」の略語であるといわれています。文字どおり，企業などの日々の経済活動を帳簿に記録して，整理することで，ある一定期間でどれくらい儲かったのか，またはどのくらい損したのか（これを経営成績といいます），最終的に財産がどうなったのか（これを財政状態といいます）を把握することが簿記の目的です。簿記は，企業の財産管理に役立ち，利害関係者の意思決定に役立っています。

　ひとくちに簿記といっても，企業の業種や目的などによっていくつかの種類に分かれます。まず，記録の方法の違いによって単式簿記と**複式簿記**に分けられます。単式簿記は，たとえば家計簿のような現金の出入りなどを記録するだけの簡単なものです。それに対して複式簿記は，すべての経済活動について二面的に捉えて記録する（これを複式記入といいます）方法です。たとえば，「現金1,000円を借りた」という事実を二面的に捉えるということは，手元に現金が1,000円増えたと同時に，あとでお金を1,000円返さなくてはいけない義務を負ったという，1つの出来事の二面性を記録することです。このように複式記入をすることで，財産の有高と財産の増減をもたらす原因を記録することが複式簿記の特徴です。

　また，簿記は適用される業種の違いによって，商業簿記，工業簿記，銀行簿記，農業簿記などに分けられます。そして，簿記を行う側の性格によっても分けられます。利益を出すことを目的とする一般企業の簿記を営利簿記，利益を出すことを目的としていない官庁や公共団体などの簿記を非営利簿記といいます。

　この章では，このうちもっとも基本的な商業簿記（商品売買業やサービス業に適用されます）によって複式簿記のしくみを学ぶことにしましょう。

2.　貸借対照表・損益計算書ができるまで

　簿記は，企業の財産の変動を記録するためのしくみです。企業の財産が「どのぐらい変化したのか」という事実を記録します。しかも，「どうやって変化したのか」も同時に記録できるのが特徴です。それでは，簡単な設例を使って，貸借対照表や損益計算書がどのように作成されるのかをみてみましょう。

　朝起きるのが苦手な学生や社会人を対象に，希望の時間にモーニングコールをする事業を始めることにしました。まず，開店資金として 200 万円を元手にすることにしました。

> 【4 月 1 日の出来事】現金 200 万円を出資して，個人企業（モーニングコール代行業 "コケコッコー"）を設立した。

　第 4 章で学んだように，貸借対照表の右側（貸方）は，企業がどのように資金調達をしたかを表します。そして左側（借方）は調達した資金がどのような形態で保有されているかを表します。企業のオーナーが企業に出資をしましたので，企業の立場からみるとオーナーからの資金調達によって資本金が 200 万円増加し，現金という形で企業の資産が増えました。資本金というのは，この企業の元手のことです。4 月 1 日現在の貸借対照表は次のようになります。

4/1 の貸借対照表

現　金　200 万	資本金　200 万

　営業を始めるにあたり，元手の 200 万円では足りなそうなので，銀行から資金を借り入れることにしました。

> 【4 月 3 日の出来事】銀行から現金 100 万円を借り入れた。

　今度は，銀行から借入をするという形で資金調達を行いました。その分企業

の現金が増加しました。4月3日現在の貸借対照表は次のようになります。

4/3 の貸借対照表

現　金　300 万	借入金　100 万
	資本金　200 万

　資金が十分に集まりましたので，営業に必要なものをそろえていきます。まずは，アルバイトを雇うことにしました。アルバイトの雇用契約を結んだだけでは企業の財産に変動がありませんので，これだけでは貸借対照表に変化はありません。次に，電話機，パソコンがないと始まりませんので購入します。

【4月5日の出来事】電話機，パソコンを現金50万円で購入した。

　4月3日時点で現金として300万円保有しています。そのうち50万円使い，備品という形態に交換しました。4月5日現在の貸借対照表は次のようになります。

4/5 の貸借対照表

現　金　250 万	借入金　100 万
備　品　　50 万	資本金　200 万

　順調にお客さんも増えてきました。お客さんから月額料金を受け取る日です。

【4月15日の出来事】4月分の月額料金30万円を現金で受け取った。

　企業の現金が30万円増加し，この月額利用料30万円が"コケコッコー"にとっての売上であり，元手である資本金を増やす要因，すなわち利益となります。4月15日現在の貸借対照表は次のようになります。また，利益の増減については，期間ごとの明細を作成します。これが損益計算書となります。利益は増減明細の右側（貸方）に書いておきます。

4/15 の貸借対照表

現　金　280万	借入金　100万
	資本金　200万
備　品　50万	利　益　30万

4/15 の利益増減明細

売上（収益）　30万

当社の給料支払日は毎月 20 日ですので，アルバイト代を支払います。

【4月20日の出来事】アルバイトの給料7万円を現金で支払った。

　企業の現金が7万円減少し，給料を支払うことで企業の利益を減らす要因が生じました。4月20日現在の貸借対照表と利益の増減明細は次のようになります。利益を減少させる要因が費用です。費用は増減明細の左側（借方）に書いておきます。

4/20 の貸借対照表

現　金　273万	借入金　100万
	資本金　200万
備　品　50万	利　益　23万

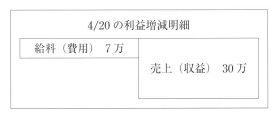

4/20 の利益増減明細

| 給料（費用）　7万 | |
| | 売上（収益）　30万 |

　そして月末が近くなってきました。公共料金や，事務所の家賃の支払日がやってきました。

【4月25日の出来事】事務所の家賃5万円と，水道光熱費1万円，通信費1万円を現金で支払った。

　企業の現金が合計7万円減少し，家賃と水道光熱費を支払うことで企業の利益を減らす要因が生じました。4月25日現在の貸借対照表と利益の増減明細は次のようになります。

4/25の貸借対照表

現　金　266万	借入金　100万
	資本金　200万
備　品　50万	利　益　16万

4/25の利益増減明細

給料(費用)	7万	売上（収益）　30万
支払家賃(費用)	5万	
水道光熱費(費用)	1万	
通信費(費用)	1万	

　さて，月末になりました。これで，"コケコッコー"の4月のすべての取引が完了しました。"コケコッコー"の決算日が4月末だとすると，決算の手続きが行われることになります。決算は適正な貸借対照表と損益計算書を作成するための集計作業です。

　決算の手続きによって作成される貸借対照表，損益計算書は次のようになります。

貸借対照表

現　金　266万	借入金　100万
	資本金　200万
備　品　50万	当期純利益　16万

損益計算書

給　料	7万	売上高　30万
支払家賃	5万	
水道光熱費	1万	
通信費	1万	
当期純利益	16万	

3. 複式簿記のしくみ

　以上の設例によって，貸借対照表と損益計算書を作成するイメージがつかめたと思います。しかし，実際には複式簿記の記録を行うためのいくつかのルールに従って取引の記録がなされ，その記録結果を集計して貸借対照表と損益計算書が作成されます。ここからは，複式簿記のしくみを少し詳しく説明していきます。

 ### ５つの構成要素，純資産等式，貸借対照表等式，損益計算書等式

　複式簿記で記録するのは，企業が経済活動を行うことによって生じる企業の財産の増減と，その原因です。それらを各項目ごとに記録していくのですが，その項目は資産，負債，純資産，収益，費用という５つのグループに分けられます。資産，負債，純資産は企業の財産の計算に関わる要素で，収益，費用は企業の儲け，すなわち損益の計算に関わる要素です。

　資産は，現金や現金に換えることができるモノ，権利（たとえば現金，預金，有価証券，建物，貸付金）などのことです。負債は，銀行からの借入金など，

将来支払わなければならない義務（たとえば借入金，社債）のことです。そして資産から負債を引いた残りを純資産といい，企業の正味の財産を意味します。つまり，

　　　資産－負債＝純資産

という関係にあります（これを**純資産等式**といいます）。この純資産等式の負債を右辺に移項すると，

　　　資産＝負債＋純資産

という式になります（これを**貸借対照表等式**といいます）。この関係を1つの表にしたものが貸借対照表です。貸借対照表は，ある一時点における企業の財政状態を表します。

貸借対照表

| 資産 | 負債 |
| | 純資産 |

　収益は，売り上げ金や，受け取った手数料，預金利息などの企業に利益をもたらす要因となるものをいいます。費用は，人件費や家賃，水道光熱費，商品の仕入代金といった利益を獲得するために必要とした経費のことをいいます。収益の総額から費用の総額を差し引いた残りが純利益（マイナスの場合は純損失）です。つまり，収益総額－費用総額＝純利益（純損失）という関係にあります。これを変形すると，

　　　費用＋純利益＝収益

という式になります（これを**損益計算書等式**といいます）。この関係を1つの表にしたものが損益計算書です。損益計算書は，1期間の企業の経営成績を表します。

損益計算書

費用	収益
純利益	

 計算対象（取引），記録場所（勘定）

　複式簿記では，企業が経済活動を行うことによって生じる企業の財産の増減と，その原因を記録するのですから，資産，負債，純資産の増減をもたらす事象（これを簿記上の**取引**といいます）を記録の対象とします。簿記上の取引は，一般的に用いる取引という用語とは意味が少し異なります。たとえば，駐車場を借りる契約を結ぶことは一般的には取引とよびますが，簿記上では契約を結んだだけでは財産の増減がありませんので取引とはなりません。逆に，火事にあって店舗が燃えてしまった場合に，普通は取引があったとは考えませんが，簿記上では建物という財産を失っていますので取引にあたります。

　簿記上の取引にあたるものは記録することが必要となりますが，簿記では**勘定**（正確には記録・計算の単位を勘定といい，勘定ごとにその増減を記録する場所を勘定口座といいます。そして勘定につけた名称を勘定科目といい，すべての勘定口座が設けられている帳簿を**総勘定元帳**といいます）とよばれる記録場所に，一定のルールに従って記入します。この取引の勘定への記入ルールを覚えることが簿記の学習にとってとても重要です。

　各勘定は，左側と右側の2つに分け，一方に増加（または発生）を記入したらもう一方には減少（または取消）を記入し，増減を分けて記入します。簿記では，この勘定の左側を**借方**とよび，右側を**貸方**とよびます。

勘定

借方	貸方

　左右のどちらに増加を記入し，どちらに減少を記入するかについては一定のルールがあります。各勘定が資産，負債，純資産，収益，費用のいずれのグループに属するかによって増減の記入場所が決まっています。

資産の勘定		負債の勘定		純資産の勘定	
増加	減少	減少	増加	減少	増加
+	−	−	+	−	+

費用の勘定		収益の勘定	
発生	取消	取消	発生
+	−	−	+

　勘定に記入された金額の借方合計と貸方合計を比べて，大きい方から小さい方を差し引いた差額を残高といいます。増加と減少を借方と貸方に分けて正の数で記入することで，どちらの側にいくら残っているのかを常に正の数で示すことができます。そうすることで，資産の勘定の残高は借方，負債と純資産の勘定の残高は貸方に，費用の勘定の残高は借方に，収益の勘定の残高は貸方に出てきます。なぜなら，たとえば資産の勘定で考えると，現金が増えたら借方に記入しますが，持っている現金以上の現金を支払うことはできませんので，現金の勘定残高は必ず借方にあるのです。このように，資産，負債，純資産，収益，費用のグループごとに残高がある側が決まっていますので，各勘定の残高を集めることで上述した貸借対照表，損益計算書のかたちになるわけです。

仕訳，貸借平均の原理

　複式簿記は，企業の経済活動について二面的に捉えて記録することで，財産の有高と財産の増減をもたらす原因を記録することが特徴です。企業に生じた取引を各勘定に，その増減をルールに従って記入します。しかし，取引の内容を直接に勘定口座に記入するだけでは，元の取引がどのようなもので，どのよ

うな順番で起こったのかがわかりにくくなってしまいます。そこで，勘定に記入する前に，取引を借方と貸方の勘定に分けて勘定科目と金額を決定し，それを取引ごとに記録する**仕訳**という処理を行います。仕訳をすることで，取引の内容を取引が発生した順番に知ることができます。この仕訳を記入する帳簿を仕訳帳といいます。仕訳帳に仕訳された取引は，そこから総勘定元帳にある各勘定に書き移します。このことを**転記**といいます。

　ある1つの取引を二面的に捉えて仕訳をするわけですから，仕訳では借方合計と貸方合計は常に等しくなります。そして，転記によって仕訳の借方の金額は勘定の借方に，仕訳の貸方の金額は勘定の貸方に記入されるため，勘定に記入された金額の合計も借方と貸方で一致するはずです。このことを**貸借平均の原理**といいます。複式簿記では，この貸借平均の原理を利用して，すべての勘定口座の借方合計と貸方合計が一致することを確かめることで，記録の正確性を検証することができます。この検証機能を実行するための計算表を**試算表**といいます。

 ## 簿記一巡の手続き

　ここまで，複式簿記の基本的なしくみについて説明してきました。次に，簿記の手続きの一連の流れを確認していきましょう。

　まず取引が発生したら仕訳帳に仕訳をし，総勘定元帳の各勘定口座に転記します。これが取引ごとに会計期間中ずっと繰り返されます。しかし，この記録だけでは会計期間ごとの経営成績や財政状態を明らかにすることはできません。そこで，元帳の記録を整理し集計する手続きを行います。これを**決算**といいます。決算においては，まず元帳記入の正確性を検証するために試算表が作成されます。次に財政状態や経営成績を正しく表すために必要な修正を加え（これを**決算整理**といいます），仕訳帳や元帳の締切りと繰越試算表の作成が行われ，最後に貸借対照表と損益計算書が作成されます。

　決算整理を行うべき項目はいろいろありますが，先の設例について決算整理を行うとしたら，"コケコッコー"が所有するパソコンや電話機といった備品

図表 7-1　簿記一巡の手続き

取引 ⇒ 仕訳帳 ⇒ 総勘定元帳 ⇒ 試算表 ⇒ 決算整理 ⇒ 帳簿の締切り｜繰越試算表 ⇒ 貸借対照表　損益計算書

日常の手続き

決算の手続き

についてです。備品などの固定資産は使用することによって年々価値が減って
いきます。そこで，決算において当期中に生じた価値の減少分を見積り，その
分だけ固定資産の帳簿価額を減少させ，同額を当期の費用とする仕訳（これを
決算整理仕訳といいます）をします。この手続きを**減価償却**といいます。減価
償却費の計算方法にはいろいろありますが，固定資産の耐用年数にわたって，
毎期同額だけ減価償却費を計上する定額法という方法によれば，1年分の減価
償却費＝（取得原価－残存価額）÷耐用年数という計算式で求められます。"コ
ケコッコー"の備品の残存価額は 0 で，耐用年数が 10 年だとすると，1年分
の減価償却費は（50 万円－0）÷5 年＝5 万円です。

　帳簿の締切は，当期の帳簿記入を完了させる手続きのことです。そのやり方
には，**英米式決算法**と**大陸式決算法**があります。大陸式決算法に比べて英米式
決算法は簡易であるため，一般的に用いられています。英米式決算法による帳
簿の締切りの手順は，次のように行われます。

　まずは収益・費用の各勘定の締切から始めます。当期の利益がいくらである
か計算（収益総額－費用総額＝純利益 or 純損失）するために，**損益勘定**とい
う集計場所を設け，収益と費用の勘定残高をすべて損益勘定に集めます。ある
勘定から，別のある勘定へ金額を移すことを**振替え**といいます。損益勘定で計
算された当期純利益は，企業の元手の増加分ですから，純資産の増加として損

益勘定から資本金勘定（株式会社の場合は繰越利益剰余金勘定）へ振り替えられます。このような振替えを行うための仕訳を**決算振替仕訳**といいます。

　次に資産・負債・純資産の各勘定は，元帳上で直接，勘定の締切を行います。期末残高を**次期繰越**として記入することで，借方と貸方の金額を一致させ，勘定を締め切ります。さらに，次の期の期首の日付で次期繰越と反対側に**前期繰越**として残高を記入します（これを**開始記入**といいます）。

　元帳を締め切ったあとは，**繰越試算表**を作成します。これは，資産・負債・純資産の各勘定は決算振替仕訳をせずに，元帳上で直接に次期繰越高を計算するので，ミスがないかどうかを確認するためです。

　そして，最後に貸借対照表と損益計算書を作成します。貸借対照表は，繰越試算表をベースに作成され，損益計算書は損益勘定をベースに作成されます。財務諸表に使用される表示科目は，企業外部の利用者にとってわかりやすいものでなくてはならないため，勘定科目と同じではないものもあります。貸借対照表において資本金勘定は，表示科目では資本金と当期純利益とを区別して表示します。また，損益計算書では売上勘定は，売上高という表示科目で表示されます。

　決算整理も考慮した"コケコッコー"の貸借対照表，損益計算書を示すと以下のようになります。

貸借対照表

平成○年 4 月 30 日

（単位：円）

資　　産	金　　額	負債及び純資産	金　　額
現　　金	2,660,000	借入金	1,000,000
備　　品	450,000	資本金	2,000,000
		当期純利益	110,000
	3,110,000		3,110,000

損益計算書

平成○年4月1日から平成○年4月30日まで

（単位：円）

費　用	金　額	収　益	金　額
給　料	70,000	売上高	300,000
支払家賃	50,000		
水道光熱費	10,000		
通信費	10,000		
減価償却費	50,000		
当期純利益	110,000		
	300,000		300,000

上記のように，左右に借方，貸方を並べて記載する方式を勘定式の貸借対照表，損益計算書といいます。これに対して，以下のような報告式とよばれる方式があります。

貸借対照表

平成○年4月30日

（単位：円）

資産の部	
Ⅰ流動資産	2,660,000
Ⅱ固定資産	450,000
資産合計	3,110,000
負債の部	
Ⅰ固定負債	1,000,000
負債合計	1,000,000
純資産の部	
Ⅰ株主資本	2,110,000
純資産合計	3,110,000

損益計算書

平成○年4月1日から平成○年4月30日まで

（単位：円）

Ⅰ売上高	300,000
Ⅱ売上原価	0
売上総利益	300,000
Ⅲ販売費及び一般管理費	
1.給　料	70,000
2.支払家賃	50,000
3.水道光熱費	10,000
4.通信費	10,000
5.減価償却費	50,000
営業利益	110,000
Ⅳ営業外収益	0
Ⅴ営業外費用	0
経常利益	110,000
Ⅵ特別利益	0
Ⅶ特別損失	0
当期純利益	110,000

設例の仕訳

参考として，"コケコッコー"の例の仕訳を示しておくと以下のようになります。

【4月1日の出来事】現金200万円を出資して，事業（モーニングコール代行業"コケコッコー"）を開始した。

　　（借）現　　　金　2,000,000　　（貸）資 本 金　2,000,000

【4月3日の出来事】銀行から現金100万円を借り入れた。

　　（借）現　　　金　1,000,000　　（貸）借 入 金　1,000,000

【4月5日の出来事】電話機，パソコンを現金50万円で購入した。

　　（借）備　　　品　500,000　　（貸）現　　　金　500,000

【4月15日の出来事】4月分の月額料金30万円を現金で受け取った。

　　（借）現　　　金　300,000　　（貸）売　　　上　300,000

【4月20日の出来事】アルバイトの給料7万円を現金で支払った。

　　（借）給　　　料　70,000　　（貸）現　　　金　70,000

【4月25日の出来事】事務所の家賃5万円と，水道光熱費1万円，通信費1万円を現金で支払った。

　　（借）支 払 家 賃　50,000　　（貸）現　　　金　50,000
　　（借）水 道 光 熱 費　10,000　　（貸）現　　　金　10,000
　　（借）通 信 費　10,000　　（貸）現　　　金　10,000

【決算整理仕訳】

　　（借）減 価 償 却 費　50,000　　（貸）備　　　品　50,000

【決算振替仕訳】

　　（借）売　　　上　300,000　　（貸）損　　　益　300,000
　　（借）損　　　益　190,000　　（貸）給　　　料　70,000
　　　　　　　　　　　　　　　　　　　　支 払 家 賃　50,000
　　　　　　　　　　　　　　　　　　　　水 道 光 熱 費　10,000
　　　　　　　　　　　　　　　　　　　　通 信 費　10,000
　　　　　　　　　　　　　　　　　　　　減 価 償 却 費　50,000
　　（借）損　　　益　110,000　　（貸）資 本 金　110,000

116

《練習問題》

1）次の①から④の金額を求めてみよう。

期首			期末			総収益	総費用	純利益
資産	負債	純資産	資産	負債	純資産			
500,000	300,000	①	②	360,000	250,000	790,000	③	④

〔ヒント〕【純資産等式】資産－負債＝純資産

【貸借対照表等式】資産＝負債＋純資産

【損益計算書等式】収益総額－費用総額＝純利益（純損失）

　これらの等式を使って考えてみましょう。また，期末純資産と期首純資産の差額は当期純損益であるという関係も利用します。

2）銀行簿記，農業簿記の特徴を調べてみよう。

3）大陸式決算法について，英米式決算法との違いを調べてみよう。

《ステップアップ》

　複式簿記の一連の流れについてより詳細に説明しているテキストです。

『全経簿記公式3級テキスト』ネットスクール株式会社。

『検定簿記講義／3級商業簿記』中央経済社。

第8章

会計制度はどうなっているの
―制度会計―

本章のポイント

① 制度会計（企業会計制度）は，財務諸表を作成し公表する法律により，(1) 会社法に基づく会計，(2) 金融商品取引法に基づく会計，(3) 法人税法に基づく会計に分けられます。

② 財務諸表を公告するまでの会社内部の手続（決算手続）について説明します。

③ 会計基準の設定主体について説明します。

④ 連結財務諸表の意味と簡単な作成方法について説明します。

　会計は，企業会計以外に自治体会計，学校法人会計，宗教法人会計，独立行政法人会計などそれぞれの法律の目的を達成するために，独自の規定を設けて行われています。本章は，主に会社法，金融商品取引法，法人税法に基づいて行われている企業会計の制度について説明しています。ビジネスに用いられる法律用語が出てきますが，制度を学ぶには避けることはできませんので，しっかりと学びましょう。

1. 制度会計

 制度会計の種類

制度会計（企業会計制度）は，財務諸表を作成し公表する法律により，①**会社法**に基づく会計，②**金融商品取引法**・財務諸表等規則（正式には「財務諸表等の用語，様式及び作成方法に関する規則」といいます）・連結財務諸表規則（正式には「連結財務諸表の用語，様式及び作成方法に関する規則」といいます）に基づく会計，③**法人税法**に基づく会計に分けられます。

（1）会 社 法

会社法は，すべての会社を規制しており，会社債権者や株主の保護および利害調整を目的としています。とりわけ株式会社は，適時に，正確な会計帳簿を作成しなければなりません（会社法第 432 条第 1 項）。この会計帳簿の閲覧等は，会社荒らしの道具とされないように一定の要件を満たす株主のみにしかできません。

また，株式会社の会計は，「一般に公正妥当と認められる企業会計の慣行」に従うものとされています（会社法第 431 条）。この公正妥当と認められる企業会計の慣行には，企業会計原則，企業会計基準委員会が公表する会計基準・適用指針・実務対応報告，日本公認会計士協会が公表する委員会報告・実務指針，中小企業の会計のための中小企業の会計に関する指針・中小企業の会計に関する基本要領（中小会計要領）などが含まれます。

また，法務省令（計算規則 59 条 1 項）で定めるところによって，各事業年度に関わる計算書類として，貸借対照表，損益計算書，株主資本等変動計算書，個別注記表を作成し，加えて事業報告とこれらの付属明細書を作成しなければなりません（会社法第 435 条第 2 項）。なお，計算書類，事業報告，付属明細書は，電磁的記録をもって作成することができます。会社法に基づく計算書類については，定款で定めることによってホームページに決算公告を開示する制度（電

子公告制度）が導入されています。

　なお，計算関係の書類に関する事項は，1円単位，千円単位または百万円単位で表示されます。

(2)　金融商品取引法

　金融商品取引法（金商法と略してよばれています）は，国民経済の健全な発展および投資者の保護に資することを目的として証券取引所[1]に上場[2]されている株式会社や有価証券報告書の提出が義務づけられている非上場会社に適用されます。会社法が適用される会社と比べて，規模や社会的影響が非常に大きいことを考慮して，厳格な規定が設けられています。

　投資者から資金を調達するための発行市場では，新たに有価証券を発行するので買いませんかと勧誘したり（募集といいます），すでに発行された有価証券の持ち主が一斉大量に手持ちの有価証券を処分するので買いませんかと勧誘したり（売出しといいます）する発行会社に対し，有価証券に関する情報（たとえば，株式や社債の発行価格や数量など）と会社内容に関する情報の開示（ディスクロージャーといいます）を義務づけています。

　また，流通市場における有価証券取引についても投資者が自己の責任において合理的な投資意思決定を行うことができるように，有価証券の発行者に財務内容や企業の内容などを定期的・継続的に開示することを義務づけています。

　前者の発行にあたって必要な書類には，投資者に直接交付される目論見書と，投資者に一定の場所で公衆縦覧される有価証券届出書があります。後者の発行にあたって必要な書類には，一定の場所で公衆縦覧される事業年度ごとの有価証券報告書，事業年度を3か月ごとに区分した四半期報告書があります。なお，有価証券報告書提出会社のうち四半期報告書を提出していない会社は半期報告書によって公衆縦覧されます。

　有価証券届出書や有価証券報告書に含まれる財務諸表については，主に財務

---

*1)　法律上「金融商品取引所」と規定されています。
*2)　「じょうじょう」と読みます。特定の株式・債券を金融商品取引所にて，売買取引の対象とすることです。

諸表等規則などによって作成しなければなりません。上で述べた会社法では要求されていないキャッシュ・フロー計算書や四半期報告書も義務づけられています。

　なお，有価証券報告書などは，金融庁が運営する電子開示システム EDINET（Electronic Disclosure for Investor's Network）に提出して開示することになっています。EDINET を活用することによって入手した財務諸表は 2008 年 3 月より XBRL（拡張可能な事業報告言語：Extensible Business Reporting Language；https://www.xbrl.or.jp/）とよばれるコンピュータ言語が導入され，その分析加工ができるようになっています。

（3）　法人税法

　法人税法は，法人の各事業年度の所得の金額を課税標準（課税の対象となるものにつき税金を計算する基礎となる金額）として法人に課税するための法律です。この法律の技術的・専門的手続的な内容については，法人税法施行令，法人税法施行規則が定められています。また法律の解釈などについては法人税基本通達等があります。法人税法では，課税所得を計算する場合，取締役が計算書類を株主総会に提出し，承認（本章3.決算手続き参照）された損益計算書の当期純利益（ただし税法では当期利益とよんでいます）に基づいて行われます。このことは**確定決算主義**とよばれています（詳細は第 10 章を参照）。

　2006 年の会社法制定までは，商法を頂点に，その特別法として証券取引法（現在「金融商品取引法」に移行しています）を中心として，確定決算主義に基づき納税申告書が作成される 3 つの制度（トライアングル体制とよばれています）のもとで会計制度は構築されていました。しかし，その会社法成立以後，会社法は，株式会社の機関（株主総会，取締役会，監査役会等）をとおして会社を統治する法制度としての役割を果たすようになりました。

　一方，金融商品取引法は，上に述べたように金融商品市場における有価証券の発行や流通の円滑化を図るために企業金融の法制度としての役割が明確になりました。それゆえ，会社法における具体的な会計規定は，「金融商品取引法」に移され，さらにその具体的な基準設定は，あとで述べる企業会計基準委員会

に移されるようになりました。

なお，(1)(2)(3)の関係について，図表 8-1 と図表 8-2 をみてください。

まず図表 8-1 について，簡単に説明しておきます。会社法では開示する書類を計算書類というのに対し，金融商品取引法では財務諸表といいます。会社法では①から④の計算書類と⑤の事業報告とともに株主総会への提出が義務づけられています。

③の株主資本等変動計算書は，貸借対照表の純資産の部に記載される資本金や資本剰余金・利益剰余金を構成する各項目の期中の変動額や変動事由などを示す書類です。④の個別注記表は，重要な会計方針，貸借対照表・損益計算書・株主資本等変動計算書で示される株式会社の財政状態や経営成績を判断するために必要な注記などを 1 つの表にまとめたものです。

⑤の事業報告は，会社の主要な事業内容，主要な営業所，工場ならびに使用人の状況，主要な借入先，借入額等に関する情報だけでなく，役員の氏名，地位および担当，重要な兼職，報酬に関する情報，保有株式数上位 10 名の株主に関する情報も記載されています。事業報告は計算書類の範囲には含みませんので，事業報告およびその附属明細書は会計監査の対象とはなりません。⑥の付属明細書は，有形固定資産および無形固定資産の明細・引当金の明細・販売費及び一般管理費の明細のほか，①～④の内容を補足する重要な事項を記載します。

金融商品取引法に基づく財務諸表は，会社法に基づく計算書類と異なり，キャッシュ・フロー計算書・付属明細表を含みますが，個別注記表は含まれません。③の連結包括利益計算書は，当期純利益にその他有価証券評価差額金や為替レートの変動による為替換算調整勘定などのその他の包括利益（第 11 章を参照）の内訳項目を加減して包括利益を表示する書類です。

⑤の連結キャッシュ・フロー計算書は，キャッシュ（現金および要求払預金（当座預金，普通預金，通知預金））と容易に換金可能であり，かつ，価値の変動について僅少なリスクしか負わない短期投資（満期日または償還日までの期間が 3 か月以内の短期投資である定期預金など）の期中の増加と減少の状況を示す書類です。投資者に対して有用な情報を提供しますので，金融商品取引法

図表 8-1　会社法・金融商品取引法・法人税法の比較表

	会社法	金融商品取引法	法人税法
法規の目的	株主・債権者の保護	投資者の保護	課税の公平
会計法規	会社法 会社法に関する法務省令（会社法施行規則，会社計算規則，電子公告規則）	金融商品取引法 財務諸表規則	法人税法 法人税法施行令 法人税法施行規則 法人税基本通達等
財務諸表	①貸借対照表 ②損益計算書 ③株主資本等変動計算書 ④個別注記表 ⑤事業報告 ⑥付属明細書 ＊上記①～④を計算書類とよぶ。	個別財務諸表（個別の企業ごとに作成される決算書，単体とも呼称されます。） 　①貸借対照表 　②損益計算書 　③株主資本等変動計算書 　④キャッシュ・フロー計算書 　⑤付属明細表 ＊上記①～⑤を財務諸表とよぶ。	確定申告書（法人税申告書）の添付書類 ①貸借対照表 ②損益計算書 ③株主資本等変動計算書
	会計監査人設置会社（会社法第444条，会計第61条） 　①連結貸借対照表 　②連結損益計算書 　③連結株主資本等変動計算書 　④連結注記表 ＊上記①～④を連結計算書類とよぶ。	連結財務諸表（支配従属関係にある2以上の会社（会社に準ずる被支配事業体を含む）からなる企業集団を単一の組織体とみなして，親会社が作成する決算書，単に連結とも呼称されます。） 　①連結貸借対照表 　②連結損益計算書 　③連結包括利益計算書 　④連結株主資本等変動計算書 　⑤連結キャッシュ・フロー計算書 　⑥連結付属明細表 ＊②および③に代えて「連結損益及び包括利益計算書」を作成することもできる。 （注）指定国際会計基準（国際会計基準（国際的に共通した企業会計の基準として使用されることを目的とした企業会計の基準についての調査研究および作成を業として行う団体であって金融庁長官が定めるものをいう）により作成する場合） 　①財政状態計算書 　②包括利益計算書 　③持分変動計算書 　④キャッシュ・フロー計算書	

図表8-2　会計制度—各種法律の適用

		連結	単体	
金融商品取引法適用会社	(A) 上場会社（株式が証券取引所に上場されている会社）約3,900社	国際会計基準の任意適用または日本基準を適用	日本基準を適用	・普通法人（株式会社を除く）・協同組合等・公益法人等・人格のない社団等・外国法人等
	(B) 金商法開示企業等（①）（上場会社以外）約1,000社			
	(C) 会社法大会社（②）＊資本金5億円以上または負債200億円以上の会社（上場会社および①以外）約10,000社	作成義務はない	日本基準を適用（簡略化検討）	
	(A)(B)(C) 以外の株式会社（上場会社，①および②以外）約260万社		「中小企業の会計に関する指針」「中小企業の会計に関する基本要領」	

会社法適用会社

法人税法適用会社

（出典）非上場会社の会計基準に関する懇談会［2010］『報告書』20頁をもとに作成。

では作成が義務づけられています。

　⑥の連結付属明細表は，貸借対照表と損益計算書について明細を示す書類です。会社法の目的と異なり，投資者保護のために販売費及び一般管理費の明細は含まれていませんが，有利子負債の明細や有価証券の明細などの記載が含まれています。

　次に図表8-2は，会社法，金融商品取引法，法人税法の各法律の適用会社を比較した表です。あとで述べる連結財務諸表を作成するのか個別財務諸表を作成するのか，その作成にあたって日本の会計の基準を用いるか否かについても明記しています（国際会計基準については第11章を参照）。

　金融商品取引法適用会社以外の大会社については，会計監査人による監査（監査については第9章を参照）が義務づけられていますが，上場会社に比べて利害関係者が少ないため，上場会社に用いられる会計基準を基礎にして，一定の会計処理や開示の簡略化の必要性が検討されています。

コラム 公開会社と大会社

　新聞等で公開会社という言葉もよくみかけますが，大会社と同じではありませんので注意してください。公開会社とは，法律上「その発行する全部又は一部の株式の内容として譲渡による当該株式の取得について株式会社の承認を要する旨の定款の定めを設けていない株式会社（会社法第2条の5）」と表現されています。言い換えると発行する全部または一部の株式に株式譲渡制限がない株式会社を公開会社といい，発行するすべての株式について株式譲渡制限がある株式会社を非公開会社といいます。大会社とは，「イ　最終事業年度に係る貸借対照表に資本金として計上した額が五億円以上であること」「ロ　最終事業年度に係る貸借対照表の負債の部に計上した額の合計額が二百億円以上であること」のいずれかに該当する会社のことをいいます（会社法第2条の6）。大会社になると会計監査人の設置義務や決算公告において，貸借対照表とともに損益計算書を公開すべき義務や，連結計算書類の作成義務などが発生します。大会社と公開会社を組み合わせると4つの類型に分かれます。

図表8-3　大会社と公開会社

会社法第2条の5 会社法第2条の6	株式譲渡制限のある会社・全株式譲渡制限会社（非公開会社・公開会社でない会社）	左記以外の会社（公開会社）
大会社（資本金額が5億円以上，または負債額の合計額が200億円以上）	大会社・非公開会社	大会社・公開会社
大会社以外の会社	大会社以外・非公開会社	大会社以外・公開会社

2.　会計基準の設定主体

「企業会計審議会」と「企業会計基準委員会」

　戦後混乱期の1949年，経済安定本部・企業会計制度対策調査会（現在の企業会計審議会の前身）は，アメリカの会計原則を参考にし，それに日本の実情

を加味して作成した「**企業会計原則**」を公表しました。なぜ会計基準として「企業会計原則」が作成されたのでしょうか。その理由を少し長くなりますが，前文で次のように述べています。

　「我が国の企業会計制度は，欧米のそれに比較して改善の余地が多く，かつ，甚だしく不統一であるため，企業の財政状態並びに経営成績を正確に把握することが困難な実情にある。我が国企業の健全な進歩発展のためにも，社会全体の利益のためにも，その弊害は速やかに改められなければならない。又，我が国経済再建上当面の課題である外資の導入，企業の合理化，課税の公正化，証券投資の民主化，産業金融の適正化等の合理的な解決のためにも，企業会計制度の改善統一は緊急を要する問題である。仍つて，企業会計の基準を確立し，維持するため，先ず企業会計原則を設定して，我が国国民経済の民主的で健全な発達のため科学的基礎を与えようとするものである。」

次にその性格について次のように説明しています。

　「企業会計原則は，企業会計の実務の中に慣習として発達したもののなかから，一般に公正妥当と認められたところを要約したものであって，必ずしも法令によつて強制されないでも，すべての企業がその会計を処理するに当たつて従わなければならない基準である。」

この企業会計原則は，その後数次の修正がなされましたが，今日の日本の会計基準の制定に対して非常に重要な影響を及ぼしてきました。しかし，1996年の金融ビッグバンで会計基準の国際的な統一が掲げられたのを契機として，それまで金融庁長官の諮問機関である企業会計審議会による官主導で会計基準が作成されていたのに代えて，常設で行政の意向が強く反映されない民主導の会計基準の必要性が叫ばれるようになりました。すでに米国や英国は，常勤の専門家によって構成された独立性の高い民間組織が透明性の高いプロセスに基づいて会計基準を作成していたからです。

　そこで 2001 年 7 月に経団連，日本公認会計士協会，全国証券取引所協議会等の団体が，「一般に公正妥当と認められる企業会計の基準の調査研究及び開発等」を目的とする財団法人財務会計基準機構を設立し，常設の委員会として「**企業会計基準委員会**（Accounting Standards Board of Japan）」を設けました。現在，この委員会が日本の会計基準設定の主体となっています。

3. 決算手続き

 株式会社における決算手続き

　株式会社の会計に関する計算書類などは日々の会計帳簿に基づいて作成されます。公表される計算書類はどのような手続きを経て公表されているのでしょうか。株式会社における決算手続きについて簡単に述べましょう。株式会社は各事業年度の終わりに当該事業年度に関する決算を行わなければなりません。ここで決算とは計算書類およびその付属明細書を作成し，その書類について事業年度終了の日より 3 か月以内に開催される株主総会の承認等を受け公告等をする一連の行為のことをいいます。

　次に，主に会計監査人（公認会計士または監査法人のみが就任できます）を設置している会社を想定して決算手続きを説明すると，次のとおりです。

① 　取締役が計算書類，事業報告，これらの附属明細書，連結計算書類を作成します。

② 　計算書類，その付属明細書，連結計算書類については，監査役（または監査委員会）と会計監査人の両方の監査を受けますが，事業報告とその附属明細書については，監査役（または監査委員会）の監査を受けます。

③ 　取締役会で計算書類，連結計算書類，事業報告，これらの付属明細書の承認を受けます。なお，このとき会計監査人設置会社である上場会社では，金融商品取引所を通じて「決算短信（決算内容の要点をまとめた書類の名

称です)」の形で決算発表を行います。

④　株主総会の招集通知を発送します。付属明細書を発送する必要はありませんが，本・支店にて閲覧・謄写に供します。

⑤　取締役は，計算書類，連結計算書類，事業報告を株主総会に提出し，計算書類については総会の承認を受け，後者についてはその内容を報告します。会計監査人設置会社で，計算書類が法令・定款に従って会社の財産および損益の状況を表示している場合には，事業報告と同じくその内容を報告します。

⑥　貸借対照表と損益計算書を公告します。金融商品取引法上の有価証券報告書提出会社は公告を免除されています。

4.　連結財務諸表

 ### 連結財務諸表・個別財務諸表

　企業は，それぞれ独立してビジネス活動を行っていますが，いくつかの企業は企業集団としてビジネス活動を行う場合が多くなっています。このような場合，企業集団を構成するそれぞれの企業は，法律的・形式的には独立した会計単位ですが，経済的・実質的には支配従属関係にある1つの組織体として活動しています。それゆえ，企業集団を単一の組織体とみなして，株主や債権者等の利害関係者に，企業集団の財政状態および経営成績等を総合的に報告する目的で作成することが必要とされます。

　また，親会社が子会社を利用して粉飾することを防止し，単一の組織体として企業集団に属するそれぞれの財務諸表の監査を充実する目的のためにも必要とされます。親会社が子会社の財務諸表を集めて（連結して）作成する財務諸表のことを**連結財務諸表**（会社法では連結計算書類）といいます。それに対して，法律上の会社を会計単位とする財務諸表を**個別財務諸表**といいます。

1978 年 3 月期決算から金融商品取引法は，有価証券報告書を開示する親会社に対し決算期ごとに，その報告書に連結財務諸表を開示することを義務づけました。その後，2000 年 3 月決算期より，金融商品取引法適用会社では個別財務諸表よりも連結財務諸表が優先されるようになりました。会社法では2005 年 4 月以降に開始する年度から，大会社において連結計算書類として株主に報告するよう要求されています。

 ## 連結子会社とは

では，上に述べた連結上の子会社とは，どのような会社のことをいうのでしょうか。以前は，議決権（株式 1 株につき 1 議決権を有します）の過半数を親会社などが所有している会社を意味していました(持株基準といいます)。それは，議決権を過半数所有していれば，所有されている会社の意思決定を支配できると考えていたためです。

しかし，会社の実態をみてみると株式の所有関係だけではなく，ある会社の取締役会にその構成員の過半数を派遣している場合などにも，その会社の意思決定を実質的に支配できる状況にあるとみることができます（支配力基準といいます）。持株基準や支配力基準によって支配されている会社を，子会社とよんでいます。図表 8-4 を参照してください。図表において，持株基準により，Y1 会社は連結子会社となりますが Y3 会社は連結子会社となりません。Y2 会社は，支配力基準により連結子会社となります。

図表8-4　連結子会社か否かの判断

	X 親会社	Y1 子会社	Y2 子会社	Y3 子会社
発行済株式総数	1,000 株	100 株 このうち X 社が 51 株所有	100 株 このうち X 社が 40 株所有，取締役の過半数を派遣	100 株 このうち X 社は 49 株所有
X 親会社の子会社か否か		○	○	×

連結財務諸表の作成

　ごく簡単な連結財務諸表を作成してみましょう。まず，親会社と子会社の貸借対照表と損益計算書が図表 8-5 のようであったとします。まず最初にそれらを合算します。そして①子会社資本勘定（設例では親会社が 100％所有と仮定しています）に対する親会社の投資勘定との相殺消去を行います。②親会社と子会社の債権債務の相殺消去をします。③親会社と子会社の間の内部売上・仕入の相殺消去の順に行います。その後，合計して連結貸借対照表と連結損益計算書を，下記のような連結精算表を用いて作成します。

図表 8-5　連結精算表

（単位：円）

	勘定科目	親会社	子会社	合計	相殺消去			連結貸借対照表 連結損益計算書
					投資と資本	債権債務	内部取引	
貸借対照表	現金預金	3,000	1,000	4,000				4,000
	売掛金	5,000	700	5,700		△100		5,600
	棚卸商品	1,000	500	1,500				1,500
	子会社株式	2,000		2,000	△2,000			
	資産合計	11,000	2,200	13,200				11,100
	買掛金	2,000	100	2,100		△100		2,000
	未払金	1,000	100	1,100				1,100
	資本金	5,000	1,500	6,500	△1,500			5,000
	利益剰余金	3,000	500	3,500	△500			3,000
	負債・純資産合計	11,000	2,200	13,200				11,100
損益計算書	売上高	9,000	1,500	10,500			△100	10,400
	売上原価	5,000	1,000	6,000			△100	5,900
	販売費一般管理費	2,000	400	2,400				2,400
	当期純利益	2,000	100	2,100				2,100

《練習問題》

1) 大会社と公開会社について調べてみよう（ヒント：インターネットで検索）。

2)「中小企業の会計に関する指針」「中小企業の会計に関する基本要領」について大会社との会計基準の相違点について調べてみよう（ヒント：インターネットで検索）。

3) 本文以外で子会社となるケースを調べてみよう（ヒント：下記ステップアップのテキスト参照）。

《ステップアップ》

上野清貴［2014］『連結会計の基礎（第3版）』中央経済社。

桜井久勝［2019］『財務会計の重要論点』税務経理協会。

桜井久勝［2021］『財務会計講義（第22版）』中央経済社。

《資格試験に向けて》

制度会計は各種の法律に基づいた会計ですので，法律の制定や改正に注意しましょう。会計制度を含む試験として，全国経理教育協会の簿記能力検定試験上級，日本商工会議所簿記検定1級，公認会計士試験，税理士試験などがあります。

第9章

財務諸表は信頼できるの
―財務諸表監査―

本章のポイント

① 財務諸表利用者を保護するため，上場会社や一定規模の大会社等には法律で外部の専門家による監査が求められています。

② 外部の専門家によって行われる財務諸表監査では，会社が作成した財務諸表が，会社の財産状況や利益などについて正しく表しているかを評価し，意見を表明します。

③ 監査の結果は，監査報告書により報告されます。

④ 監査は，リスクアプローチにより行われます。

　会社が公表する財務諸表が信頼できるものかどうかを保証するために，監査が行われます。この章では，監査の必要性，監査が必要な会社，監査意見の種類などをみていきます。

1. 財務諸表監査はなぜ必要か

 財務諸表監査の目的

財務諸表（第4章参照）は，会社が財産状況や利益を表した，いわゆる会社の成績表のようなものであり，利害関係者（株主，銀行など）は，財務諸表をさまざまな目的で利用します。

たとえば，会社の株主やこれからその会社の株式を買おうと思っている人（潜在的な株主）は，会社が利益を上げているかどうか，それによって配当がもらえるかどうか，会社が倒産してしまう危険性がないかどうかを判断するために財務諸表を利用します。また，銀行は会社に貸したお金を返す能力があるかどうか，取引先は取引した代金を回収できるかどうかなど，安心して取引ができるかどうかを判断するために財務諸表を利用します。

一方，財務諸表は学校の成績表のように第三者が作成するものではなく，会社が自分で作成します。このため，ときには，現実以上によくみせようとする可能性もあります。

たとえば，実際には毎期赤字が続いていたにもかかわらず，資金援助が必要なため，財務諸表では毎年利益が出ているように作成していたとします。この財務諸表を信頼して，配当を期待して株式を買った人は，実際は赤字が続いていて，数年後にその会社が倒産した場合，損をしてしまいます。このように，財務諸表が大きく誤っていた場合，利用者は誤った判断をする可能性があるため，財務諸表が正しいかどうかについてチェックし，保証することが財務諸表の監査の目的です。

財務諸表監査の目的は次のように定められています。

> 財務諸表の監査の目的は，経営者の作成した財務諸表が，一般に公正妥当と認められる企業会計の基準に準拠して，企業の財政状態，経営成績及びキャッ

シュ・フローの状況をすべての重要な点において適正に表示しているかどうか
について，監査人が自ら入手した監査証拠に基づいて判断した結果を意見として表明することにある（監査基準第一）。

　この定義は監査基準の引用のため，少し難しいですが，簡単に要約すると，会社の経営者が作成した財務諸表が，決められた会計の基準に従って，会社の財産状況，損益，資金繰りの状況を正しく表しているかどうかを，会社と関係のない独立の立場の会計の専門家が調べて，その結果を意見として利用者に報告するというものです。

 ## どのような会社に監査が必要か

　会社には小規模な会社（個人商店，家族経営など）から，大規模な会社（セブン-イレブン・ジャパン，三菱商事など）までさまざまあります。

　小規模な会社であれば，経営者と株主は同じかあるいは親族で，取引も比較的単純でわかりやすいため，利害関係者が経営内容を把握することは比較的容易です。

　一方，大規模な会社で，株式を上場しているような場合，多くの株主は直接経営には参加していないため，経営内容を詳しく把握することができません。また，店舗が多数あり，海外へ事業展開するなど取引が複雑になると，専門的な知識が必要になります。そこで，我が国では，利害関係者を保護するため，一定の場合に法律で独立した第三者による監査を義務づけています。

　法律で定められている財務諸表の監査の主なものは，上場会社等を対象とした**金融商品取引法監査**と，一定規模の大会社（資本金5億円以上，または負債200億円以上の企業）等を対象とした**会社法監査**です。金融商品取引法監査は投資者保護のため，会社法監査は債権者保護のために監査を求めています。

2. 監査は誰が行うのか

金融商品取引法では，監査人は，財務諸表を提出する会社と特別の利害関係がない公認会計士または監査法人でなければならないとされています（第193条の2第1項）。また，会社法でも，同様の規定があります（第436条）。

公認会計士は国家資格であり，試験制度の概要は第2章で紹介しています。また，**監査法人**は，上場会社などの大規模の会社の監査を組織的に行うため，5名以上の公認会計士によって設立された法人です。

近年，会社はグローバル化，多角化しているため，監査法人もグローバル化，大型化が進んでいます。数千人の公認会計士等が所属し，グローバルな会計事務所と提携しているところは，ビッグ・ファームとよばれており，たとえば，有限責任監査法人トーマツ（デロイト　トウシュ　トーマツと提携），有限責任あずさ監査法人（KPMGと提携），新日本有限責任監査法人（EYと提携）などがあります。

公認会計士または監査法人は独立した第三者として監査意見を表明するため，会社との間に利害関係があったのでは，信頼が損なわれる可能性があります。このため，監査の実施にあたって公正不偏の態度を保持するという「精神的な独立性」と，会社との間に特定の利害関係をもたず，その疑いを招くような業務や行為を行わないという「外観的な独立性」が強く求められています。また，監査報告書において，会社との間に利害関係がないことを記載して，独立的な立場であることを明確にしています（図表9-1④）。

3.　監査意見の実例

それでは，実際の**監査報告書**をみてみましょう。

図表9-1は，金融商品取引法監査で個別財務諸表について無限定適正意見の場合の監査報告書の文例です。

監査報告書は主に以下のパートから構成されます。

①	監査対象	財務諸表を作成している会社の名称，財務諸表が対象とする期間，財務諸表の具体的な内容，財務諸表が監査されている旨を記載します。
②	監査意見	財務諸表が適正に表示されているかどうかについての意見を記載します。
③	責任の所在	経営者の責任は財務諸表を作成することにあり，監査人の責任は独立の立場から財務諸表に対する意見を表明することにあることを記載します（二重責任の原則）。
④	利害関係	会社と監査人との間に，特別の利害関係がないことを記載します。

図表9-1　監査報告書例（無限定適正意見）

独立監査人の監査報告書

×××× 年 ×× 月 ×× 日

○○株式会社
取締役会　御中

監査法人○○
指 定 社 員
業 務 執 行 社 員　　公認会計士　○○　○○　　印

監査意見
　当監査法人は，金融商品取引法第193条の2第1項の規定に基づく監査証明を行うため，「経理の状況」に掲げられている○○株式会社の×××× 年 ×× 月 ×× 日から×××× 年 ×× 月 ×× 日までの第 ×× 期事業年度の財務諸表，すなわち，貸借対照表，損益計算書，株主資本等変動計算書，キャッシュ・フロー計算書，重要な会計方針，その他の注記及び附属明細表について監査を行った。　　①

　　当監査法人は，上記の財務諸表が，我が国において一般に公正妥当と認められる企業会計の基準に準拠して，○○株式会社の××××年××月××日現在の財政状態並びに同日をもって終了する事業年度の経営成績及びキャッシュ・フローの状況を，全ての重要な点において適正に表示しているものと認める。　②

監査意見の根拠（省略）

監査上の主要な検討事項（省略）

その他の記載内容（省略）

財務諸表に対する経営者並びに監査役及び監査役会の責任
　　経営者の責任は，我が国において一般に公正妥当と認められる企業会計の基準に準拠して財務諸表を作成し適正に表示することにある。（省略）

財務諸表監査における監査人の責任
　　監査人の責任は，監査人が実施した監査に基づいて，全体としての財務諸表に不正又は誤謬による重要な虚偽表示がないかどうかについて合理的な保証を得て，監査報告書において独立の立場から財務諸表に対する意見を表明することにある。（省略）　③

利害関係
　　会社と当監査法人又は業務執行社員との間には，公認会計士法の規定により記載すべき利害関係はない。　④

以　上

二重責任の原則

　監査の目的は，経営者が作成した財務諸表に対して監査人が意見を表明することにあり，財務諸表を作成する責任は経営者にあります。この経営者と監査人の責任を区別していることを**二重責任の原則**といいます。

　監査報告書では，「財務諸表に対する経営者並びに監査及び監査役会の責任」と「財務諸表監査における監査人の責任」の部分で二重責任の原則を明記しています（図表9-1③）。

監査意見

　監査意見では，「財務諸表が，我が国において一般に公正妥当と認められる企業会計の基準に準拠して，○○株式会社の××××年××月××日現在の財

政状態並びに同日をもって終了する事業年度の経営成績及びキャッシュ・フローの状況を全ての重要な点において適正に表示しているものと認める」とあります（図表9-1 ②）。

この適正意見の表明は，財務諸表には「全体として重要な虚偽表示がない」ことについて，合理的な範囲での保証を与えています。

「虚偽表示」とは，たとえば，売上の金額が実際よりも過大に計上されるなど，不正または誤謬（意図的ではないミス）により財務諸表に記載された項目の金額，分類，表示，開示の誤りをいい，「全体として重要な虚偽表示がない」とは，財務諸表利用者の判断を誤らせるような重要な虚偽表示（誤り）がないことをいいます。

また，監査は，会社の取引を100％チェックすることはできないので，「試査」というサンプリングの手法を用いています。財務諸表には，たとえば，貸倒引当金の見積もりや固定資産の減損の評価など，経営者による見積もりや判断が多く含まれていることなどから，監査による証明には限界があります。このため，監査人は財務諸表には「全体として重要な虚偽表示はない」という，絶対ではないが相当程度に高い心証を得た場合を「合理的な保証を得た」と表現しています。

監査意見の種類

図表9-1のように，財務諸表がすべての重要な点において適正に表示している場合に表明される意見を**無限定適正意見**といいます。

しかし，ときには監査人が監査を行っている過程で重要な虚偽表示（誤り）を発見する場合や，監査に必要な手続が実施できなかった場合があります。この場合は，経営者などに報告して修正や必要な情報を求め，追加の手続を実施することになりますが，それでも重要な虚偽表示（誤り）が修正されない場合や，重要な監査手続を実施することができない場合は，図表9-2のようにその重要性に応じて意見を表明します。

図表 9-2　除外事項付意見の類型

	財務諸表への影響又は影響の可能性	
	重要だが広範囲でない	重要で広範囲である
財務諸表に重要な虚偽表示（誤り）がある	限定付適正意見	不適正意見
重要な監査手続が実施できなかった	限定付適正意見	意見不表明

限定付適正意見とは，財務諸表に重要な虚偽表示（誤り）がある，または重要な監査手続が実施できなかった部分はあるが，財務諸表全体に対してそれほど重要性がないと考えられる場合に表明される意見です。監査報告書には，根拠とともに，企業の財務諸表は「その事項を除き，すべての重要な点において適正に表示している」と記載します。

不適正意見とは，財務諸表に重要な虚偽表示（誤り）があり，それが財務諸表全体に重要な影響を与える場合に表明される意見です。図表 9-3 のとおり，根拠とともに，企業の財務諸表は「適正に表示していない」と記載します。

意見不表明とは，重要な監査手続が実施できず，結果として十分な監査証拠が入手できない場合で，その影響が財務諸表全体に対する意見表明ができない

図表 9-3　監査報告書例（不適正意見）

監査意見
　当監査法人は，……（図表 9-1 に同じ）……監査を行った。
　当監査法人は，上記の財務諸表が，「不適正意見の根拠」に記載した事項の財務諸表に及ぼす影響の重要性に鑑み，我が国において一般に公正妥当と認められる企業会計の基準に準拠して，○○株式会社の××××年××月××日現在の財政状態並びに同日をもって終了する事業年度の経営成績及びキャッシュ・フローの状況を，適正に表示していないものと認める。

不適正意見の根拠
　会社は，……について，……ではなく，……により計上している。我が国において一般に公正妥当と認められる企業会計の基準に準拠していれば，……を計上することが必要である。この結果，営業利益，経常利益及び税金等調整前当期純利益はそれぞれ××百万円過大に表示され，当期純利益は××百万円過大に表示されている。（省略）

図表9-4　監査報告書例（意見不表明）

監査意見

　当監査法人は，……（図表9-1に同じ）……監査を行った。

　当監査法人は，「意見不表明の根拠」に記載した事項の財務諸表に及ぼす可能性のある影響の重要性に鑑み，財務諸表に対する意見表明の基礎となる十分かつ適切な監査証拠を入手することができなかったため，監査意見を表明しない。

意見不表明の根拠

　会社のXYZ社に対する投資は，会社の貸借対照表上××百万円で計上されており，これは，××××年××月××日現在の会社の純資産等の90％超に相当する。当監査法人は，XYZ社の経営者及び監査人とのコミュニケーションが認められず，また，XYZ社の監査人の監査調書の閲覧も認められなかった。その結果，当監査法人は，XYZ社の資産，負債及び損益に係る持分相当額，並びに株主資本等変動計算書とキャッシュ・フロー計算書を構成する数値に修正が必要となるか否かについて判断することができなかった。

ほどに重要と判断した場合に表明される意見です。この場合は，監査報告書を発行しないのではなく，図表9-4のとおり，根拠とともに，企業の財務諸表に「意見を表明しない」と記載します。

　不適正意見や意見不表明が出された場合，上場会社は上場廃止基準に抵触することになるため，大きな影響を受けます。

　不適正意見や意見不表明が出されるような，財務諸表への影響が広範囲かどうかは，次のいずれかに当てはまるかどうかを判断することになります。

▶影響が，財務諸表の特定の勘定や項目に限定されない場合

▶影響が，特定の勘定や項目に限定される場合でも，財務諸表に広範囲な影響を及ぼす，または及ぼす可能性がある場合

▶誤りを含む開示項目が，利用者の財務諸表の理解に不可欠なものである

4.　具体的なプロセス

　監査は，会社の取引を100％チェックすることはできないので，「試査」というサンプリングの手法を用います。大規模な会社の取引は複雑で，膨大であ

り，監査の時間や人数に限りがあるため，監査を効果的かつ効率的に進めるよう，**リスク・アプローチ**という手法がとられています。これは，すべての項目に対して監査を行うのではなく，経済環境，会社の特性などを考慮して，財務諸表の重要な虚偽表示（誤り）につながるリスクのある項目（たとえば，売上など）に対して重点的に監査を行う方法です。

具体的なプロセスは図表 9-5 のとおりです。

図表 9-5　監査のプロセス

リスク評価手続	・会社のビジネス，経営者の誠実性，業績の推移，ビジネスに影響を与える景気の動向，会社が属する業界の特性，株主からの期待などの理解を通して，どの項目にリスクがあるかを評価する（同時に会社の内部統制の理解，評価を行う）
リスク対応手続	・上記で評価したリスクに対応する監査手続を実施する（確認手続など）
まとめ	・監査意見を表明する（監査報告書）

まず，監査を計画するさいに，会社のビジネス，経営者の誠実性，業績の推移，ビジネスに影響を与える景気の動向，会社が属する業界の特性，株主からの期待などを把握し，どの項目にリスクがあるかを評価します（リスク評価手続）。

たとえば，業績が下降気味にあるときに，経営者から売上目標達成のプレッシャーが厳しければ，売上の過大計上のリスクが高まる可能性があります。また，商品のモデルチェンジが早い会社では，在庫商品の評価減をタイムリーに行わなければならず，棚卸資産の評価にリスクがある場合があります。

　ただし，会社の経営者には財務諸表の作成責任があり，経営を効率的に進め，法律を守り，財務諸表を正しく作成するために，社内でしくみやプロセスを作っており，これによりリスクが低くなることがあります。このようなしくみやプロセスを**内部統制**といい，監査人は内部統制を理解し，内部統制が有効に機能しているかを評価したうえで，リスクの評価を行います。

　なお，内部統制については，金融商品取引法において，上場会社に対し，経営者が自ら内部統制が有効に機能していることを評価し，報告する「**内部統制報告制度（J-SOX）**」を義務づけており，公認会計士等の監査の対象となります。

　次に，評価したリスクに基づき，監査計画を作り，監査手続を行います（リスク対応手続）。たとえば，監査人自らが会社の得意先に売掛金残高を書面で直接問い合わせ，回答を得るという確認手続などの監査手続を実施します。

　最後に，監査の結果をまとめて監査意見を表明します。

《ステップアップ》
　鳥羽至英［2009］『財務諸表監査：理論と制度　基礎編』国元書房。
　鳥羽至英，秋月信二，永見尊，福川裕徳［2015］『財務諸表監査』国元書房。
　山浦久司［2019］『監査論テキスト（第7版）』中央経済社。

《資格試験に向けて》
　第2章に公認会計士に関する説明と試験の概要を示しています。それをみて，公認会計士試験にチャレンジしましょう。

第 10 章

会社の税金はいくらになるの
―税務会計―

= 本章のポイント =

① 会社の税金（法人税）は，法人税法に従って計算されます。法人税は，自分で税額を計算し納付する，申告納税方式が採用されています。なお，法律で定められた税金であり，知らない・わからないは通用しません。

② 法人税は，確定した決算に基づく企業会計の利益に基づき計算されます（確定決算主義）。また，公正処理基準により，原則的には，企業会計上の収益の額が益金の額に相当し，企業会計上の売上原価，販売費及び一般管理費，損失の額が損金の額に相当することになります。

③ ただし，法人税法と企業会計では，目的が異なることなどから，税務調整が必要になります。この税務調整は，別段の定め等で規定されています。

④ 税務調整には，決算調整項目と申告調整項目があり，決算調整項目は確定した決算において損金経理等をしていないと認められません。

⑤ 実際の申告では決まった様式があり，別表四で課税所得を計算し，別表一で法人税額を計算します。

　会社が支払う税金は，国が定めた法律や地方公共団体が定めた条例に基づき課税されるものです。憲法でも納税の義務が明記されており（憲法第30条），きちんと納税することが求められます。そして，会社の支払う税金の代表的な存在である法人税は，申告納税方式を採用しており，税額を自分で計算しなければなりません。会社の経営等を行うには必須の知識になりますので，しっかりと学習しましょう。

1. 税金の種類

 税金の種類と会社が支払う税金

　税は，誰が課税するか（国税・地方税），誰が納付するか（直接税・間接税），何に課税されるか（所得課税・資産課税・消費課税）などで分類されます。ここでは，何に課税されるかに着目して現行の税法をみてみましょう。

　所得は消費や貯蓄などに向けられる支払能力の源となるものであり，所得課税は，所得に租税の負担能力を見出して課税するものです。個人の所得に対しては所得税など，法人の所得に対しては法人税などが課されています。

　財・サービスの消費が所得を得たり資産を取り崩したりすることにより得られる経済力の行使であることに着目し，消費課税は，財・サービスの消費に担税力を見出して負担を求めるものであり，消費税・酒税・たばこ税などがあります。

　さらに，資産を取得したり保有したりしている場合，所得の稼得や財・サービスの消費に着目した場合では捉えきれない担税力に着目し，資産に対して資産課税が行われています。資産課税には，相続税・贈与税・固定資産税などがあります。

　事業活動を行う会社は，黒字であれば法人税や事業税，課税対象となる消費活動があれば消費税，固定資産を所有していれば固定資産税を支払う必要があります。なお，これらの税金のうち，法人税や消費税は国税であり，事業税や固定資産税は地方税であり，申告書の提出や納税の相手が異なりますので注意しましょう。

　また，固定資産税のように市町村が税額を計算し，支払う税金を記載した納付書を送付する方法の税金（賦課徴収方式）もありますが，法人税のように，自分で税金を計算し，申告しなければならない税金（申告納税方式）もあります。自分で計算することが難しくても，法律で定めのあるものですから，知ら

ない・わからないは通用しません。会社を経営しようと考えている人や経理の
仕事を希望する人は，税務会計を学習しておく必要があると考えておいてくだ
さい。

　なお，法人税の税額を計算するためには，企業会計の利益に基づくことから
簿記や会計の知識が必要になります。そして，会計と関連した法人税の課税所
得の計算などの範囲を，一般に，**税務会計**とよんでいます。なお，税務会計で
は，企業会計の知識が必要になりますので，制度会計（第 8 章），簿記（第 7 章），
財務諸表（第 4 章）などを確認してください。

2.　企業会計と税務会計

法人税の計算には企業会計の知識が必要

　税務会計は，その期間の課税所得を算定するための会計です。税法による規
制があることから，制度会計の一類型と理解されています。制度会計には，金
融商品取引法会計・会社法会計・税法会計の 3 つがあり，トライアングル体制
や会計の三重構造とよばれることがあります。

　企業会計では，簿記による記帳が行われ，ここから誘導的に財務諸表が作成
されます。財務諸表では，期間損益が計算され，当期純利益として当期の利益
が算定されます。なお，連結財務諸表では包括利益も表示されますが，税務会
計では個々の法人ごとに法人税の課税が行われることから個別財務諸表の当期
純利益に着目します。

　なお，企業会計における利益と税務会計における課税所得は，ともにその期
間の儲けを意味するもので，共通性があります。また，英語の表記は，純利益
（net income）と課税所得（taxable income）であり，どちらも income で表現さ
れます。

　法人税の課税標準（税金の計算の基礎となる金額）である各事業年度の所得

146

の金額（**課税所得**）は，当該事業年度の益金の額から損金の額を控除して計算されます。法人税法では，「一般に公正妥当と認められる会計処理の基準」（公正処理基準）に従って会計処理されていれば，これを認めるとされています。このため，おおむね企業会計上の収益の額が益金の額に相当し，企業会計上の売上原価，販売費及び一般管理費，損失の額が損金の額に相当します。

　ここで，企業会計における収益の額や原価・費用・損失の額は，会社法の規定に基づいて作成した貸借対照表や損益計算書等の計算書類（会社法における財務諸表）を株主総会に提出し，その承認等を得ることによって確定します。**法人税法**では，この確定した決算に基づいた収益の額や原価・費用・損失の額を益金の額や損金の額の基礎としており，これを**確定決算主義**といいます。法人税法では，確定決算主義に基づき，企業会計の利益を基礎として**課税所得**を計算します。この関係を図示すると図表10-1のようになります。

図表10-1　企業会計の利益計算と法人税法の所得計算

　このような，企業会計の利益を基礎としつつも，法人税法は課税の公平を目的としており，投資者や債権者の保護を目的とする企業会計とは必然的に差異が生じることになります。このため，**公正処理基準**に従って処理したものでも，法人税法に別段の定めがあるもの等については，法人税法の規定に基づき利益金額から加算や減算の調整が必要となります。これを**税務調整**といいます。

3.　法人税の課税所得の計算

 法人税における課税所得の計算の概要

　すでに説明したとおり，税務会計は，課税の公平の観点から，適正な租税負担能力を表した課税所得を算定するものであり，企業会計における利益と一致するわけではありません。したがって，企業会計上の利益の額に別段の定め等による税務調整を加えたものが，法人税法上の所得の金額となります。税務調整は，課税所得を加算するもの（加算調整）と減算するもの（減算調整）に分けて記載します。これを図示したものが図表 10-2 です。

図表 10-2　企業会計上の利益と課税所得金額の差異の調整項目

| 企業会計上の利益 | ＋ | 税法上の加算 | － | 税法上の減算 | ＝ | 課税所得金額 |

確定した決算に基づく損益計算書

| 企業会計利益 | 減算 | ①損金算入（企業会計で費用としなくても税法で損金とするもの）
②益金不算入（企業会計で収益としても税法で益金としないもの） | 課税所得金額 |
| | 加算 | ①損金不算入（企業会計で費用としても税法で損金としないもの）
②益金算入（企業会計で収益としなくても税法で益金とするもの） | |

（出典）税務大学校『税務大学校講本法人税法（令和 3 年度版）』26 頁。

 税務調整の項目

　税務調整には，損金経理等の処理が必要であり，申告書だけで調整できない

決算調整項目と，法人の決算における経理処理にかかわらず適用されるが，法人に申告書上で調整するかどうかを任せている**申告調整項目**があります。また，申告調整項目は，必須の申告調整項目と任意の申告調整項目に区分されます。

ここで，決算調整項目は，法人税の申告書で課税所得の計算をする前に，確定した決算で費用または損失として経理する損金経理を行っていないと損金の額として認められません。これは，減価償却費のような費用は各期に取引を伴うものではないため，損金の額と認めるためには，企業会計上で費用または損失として処理することなどを要求するものです。つまり，会計上は経費としない（利益を大きくする）のに，税金は安くする（課税所得を小さくする）ことは認めないということです。決算調整項の主なものには，図表 10-3 の項目があります。

図表 10-3　主な決算調整項目

① 減価償却資産の償却費の損金算入（法31） ② 繰延資産の償却費の損金算入（法32） ③ 圧縮記帳の損金算入（法42 等） ④ 引当金繰入額の損金算入（法52 等） ⑤ 準備金の積立額の損金算入（措法55 等） ⑥ リース譲渡による経理（法63）

また，任意の申告調整項目は，主に課税所得を減少させるものであり，決算での処理は問われませんが，法人税の申告書に記載をしないと認められませんので注意してください。申告調整項目の主なものには，次の図表 10-4 の項目があります。

図表 10-4　主な申告調整項目

（任意の申告調整項目） 　① 受取配当等の益金不算入（法23） 　② 外国子会社から受ける配当等の益金不算入（法23 の2） 　③ 所得税額の控除（法68） （必須の申告調整項目） 　① 資産の評価益の益金不算入（法25）

②　完全支配関係のある他の内国法人から受けた受贈益の益金不算入（法25の2）

③　還付金等の益金不算入（法26）

④　資産の評価損の損金不算入（法33）

⑤　役員給与の損金不算入（法34）

⑥　過大な使用人給与の損金不算入（法36）

⑦　寄附金の損金不算入（法37）

⑧　法人税額等の損金不算入（法38）

⑨　外国子会社から受ける配当等に係る外国源泉税等の損金不算入（法39の2）

⑩　法人税から控除する所得税額の損金不算入（法40）

⑪　不正行為等に係る費用等の損金不算入（法55）

⑫　青色申告の繰延欠損金の損金算入（法57）

⑬　減価償却費の償却超過額，引当金の繰入限度超過額，準備金の積立限度超過額等の損金不算入（法31等）

⑭　交際費等の損金不算入（措法61の4）

 ## 具体的な税務調整の計算

　税務調整される項目は，多岐にわたります。これらをすべて解説することは困難なため，ここでは代表的な項目を示すに留めますが，それぞれ限度額等の計算方法が定まっていますので，実際に法人税の課税所得の計算をするときには，それぞれの項目の内容を確認してください。

　ここでは，自分が社長となり，会社の経営をする場合を想定し，自分に対し会社が支払う給料など（役員給与）を例に，税務調整の計算を確認してみましょう。

　まず，税務調整を考える場合には，企業会計における処理を思い浮かべてください。役員給与は，会社が社長等の役員に対して支払うものであり，当然に費用となります。

　これに対し，法人税法では，役員給与は，一定のものを除き損金の額に算入されない（役員給与損金不算入）と規定されています。これは，役員は自分の給与を決められる立場にあるため，お手盛りの支給がなされることに対処するためです。本来は，社長等への役員給与も，株主総会によるチェックが働くことが期待されますが，会社法上，株主が1人だけでその人が社長となることも

できます。そこで，法人税法では，儲かった年に税金を支払うのが嫌で，役員給与を仕事分以上に支払うという操作が生じないようにする必要があります。ちなみに，従業員に対し支払う通常の給料は，このような操作の余地がありませんから，企業会計でも費用となり，法人税法でも損金の額に算入されるので，税務調整は生じません。

　また，法人税法上の役員の範囲は，会社法等に基づいて選任された役員より広く規定されています。すなわち，法人税法上の役員には，株主総会等により選任され登記されている役員の他，法形式上は役員になっていないけれど，実質的に法人の経営に従事して，その意思決定に大きな影響力をもつと認められる者が含まれることになります。これは上記のような操作が可能な立場の人を役員に含め，このような操作ができないようにし，課税の公平を確保できるように規定されています。

　このように法人税法では，課税の公平の観点から役員給与の損金算入に制限を設けていますが，図表10-5の①〜③として定められる役員給与は，操作の余地がないと考えられ，損金の額に算入することができます。なお，この取扱いは，法人税法第34条や法人税法施行令第69条に規定されていますので，一度，自分の目で法人税法等の条文も確認してください。

図表 10-5　法人税法で損金の額に算入できる役員給与

① 　定期同額給与
　　支給時期が1月以下の一定の期間ごとであり，かつ，当該事業年度の各支給時期における支給額が同額である給与，その他これに準ずる給与をいいます。
② 　事前確定届出給与
　　その役員の職務につき所定の時期に確定額などを支給する旨の定めに基づいて支給する給与で，納税地の所轄税務署長にその定めの内容に関する届出をしているものをいいます。
③ 　業績連動給与
　　業績連動給与の算定方法が業績連動指標（有価証券報告書に記載されるものに限ります）を基礎とした客観的なもので，損金経理をしているという要件を満たす場合等の一定のものをいいます。

　さらに，法人が役員に支給する給与のうち不相当に高額な部分の金額は，損金の額に算入しないこととされています。また，法人が，事実を隠ぺいし，または仮装して経理することによりその役員に対して支給する給与の額は損金の額に算入しないとされています。このように，課税の公平の観点から，過大給与や仮装経理への対応を行っています。

> **コラム　減価償却費の償却限度額**
>
> 　税務調整のなかには，減価償却費のように償却限度額が設けられているものもあります。法人税法では，企業会計とは別に独自の償却限度額を設けて，この金額までの損金経理した減価償却費を損金の額と認めます。このため，法人税の計算上，減価償却費を計上しなくても，法人税法では問題はありません。これは，減価償却が見積りによる計算であることと，損金の額が少なくなると課税所得は大きくなり税額は増加するだけであり，税収確保の観点からは問題がないためです。

4.　法人税の申告書の作成

 ### 別表四と別表一の役割

　法人税の申告では，申告書の様式が定まっています。法人税の申告書では，**別表四**で課税所得を計算し，**別表一**で法人税額を計算します。別表四を簡略化すると図表 10-6 のようになります。なお，実際の法人税等の申告書の別表は，国税庁のホームページから入手することができます。別表四や別表一も入手できますので，ご確認ください。

　別表四は，企業会計における利益（当期純利益）に相当する当期利益（赤字の場合は当期損失）の額からスタートし，税務調整を行い，所得金額（マイナ

図表 10-6　別表四の概要

区　　　分	金　　額
当 期 利 益	
加　算　損金経理をした法人税	
損金経理をした住民税	
損金経理をした納税充当金	
損金経理をした附帯税等	
減価償却の償却超過額	
役員給与の損金不算入額	
交際費等の損金不算入額	
減　算　減価償却超過額の当期認容額	
納税充当金から支出した事業税等の金額	
受取配当等の益金不算入額	
仮　　　計	
寄附金の損金不算入額	
法人税額から控除される所得税額	
合　　　計	
契約者配当の益金算入額等	
差 引 計	
欠損金又は災害損失金等の当期控除額	
総　　　計	
残余財産の確定の日の属する事業年度に係る事業税の損金算入額等	
所 得 金 額	

＊実際の別表四の金額欄は，総額と処分（留保・社外流出）の記入となります。

スの場合は欠損金額）を計算する様式です。

　基本的には，ここで計算された所得金額に税率を乗ずると当期の法人税額になります。ただし，税額控除等の取扱いもあるため，これらの加減算をしたものが当期の法人税として納付する金額となります。この計算を行うのが，別表一です。

　別表四の作成については，章末の練習問題も参照してください。また，別表の作成等に関する知識の確認には，全国経理教育協会の**法人税法能力検定**がありますので，こちらも参照してください。

コラム　法人税法能力検定

　法人税法能力検定は 3 級～1 級まであり，各自の学習状況に応じた受験が可能です。また税理士等の試験に向けた準備としても有用です。試験の日程等については，全国経理教育協会のホームページを参照してください。また，全国経理教育協会のホームページでは過去問題集の販売やテキストの紹介等もありますので，参照してください。

5.　税務会計の実務的重要性

　中小企業等の経理の実態

　法人税は，課税所得が生じたすべての会社で支払わなければならない税金です。必要な申告書を提出しない，または誤った申告書を提出していると税務署の調査等を受け，過少申告加算税や重加算税という追加的な支払いを含めて税金を納めることになりかねません。

　本来的には，会社のお金を管理する観点からも会計情報が必要であり，きちんと会計帳簿を作成することが重要です。しかし，中小企業等では，外部からの増資による資金調達を必要としない場合もあり，簿記や企業会計の重要性が正しく認識されず，会計が疎かになる場合が散見されます。このような会社では，法人税や消費税の申告目的で会計帳簿が記入される場合があります。また，銀行の借入にさいし，税務処理を考慮した決算書で融資の審査が可能な場合もあり，税務中心の会計で十分と考えられているものと思います。

　簿記や会計の役割を考えると問題のある状況ですが，中小企業の実務では税務会計中心の記帳が行われていることも事実です。このような事実を前提に考えると，経理の仕事を考えている場合には，簿記の学習と合わせて税務会計も学習しておかないと実際の仕事で不足が生じる可能性があることを理解して，

154

取り組んでほしいと思います。

　最後に，法人税法等の税金の学習には，国税庁のホームページが非常に参考になります。基本通達等の税務上の取扱いだけでなく，税務大学校の講本やタックスアンサーという解説のページがあり，税金の知識が少ない人でもわかりやすい説明がされています。一度アクセスしてみてください。

《練習問題》

　次の〔資料〕に基づき，内国法人である岩手株式会社の法人税法における課税所得を算定してみよう。

〔資料〕

1. 岩手株式会社の資本金は 30,000,000 円であり，当期の株主総会の承認を受けた決算に基づく財務諸表に記載された当期純利益は，5,000,000 円である。
2. 受取配当等の益金不算入額（減算調整）400,000 円
3. 販売費及び一般管理費には減価償却費が 1,500,000 円含まれる。法人税法における償却限度額は 1,200,000 円である。（減価償却超過額，加算調整）
4. 役員給与の損金不算入額（加算調整）500,000 円
5. 交際費等の損金不算入額（加算調整）90,000 円

〔解答欄〕

（単位：円）

区　　分		金　額
当 期 利 益		
加　算		
小　　計		
減　算		
小　　計		
仮　　計		
合計・差引計・総計		
所 得 金 額		

〔ヒント〕

(1)　まず，当期純利益の金額（5,000,000 円）を，当期利益の欄に記入します。

(2)　次に，加算調整と減算調整をそれぞれ記入します。

　　　（減価償却超過額）1,500,000 円 − 1,200,000 円 = 300,000 円

(3)　当期利益の金額に，加算調整の金額を加え，減算調整の金額を控除して仮計の金額を計算します。

　　　（仮計）5,000,000 円 + 300,000 円 + 500,000 円 + 90,000 円 − 400,000 円
　　　= 5,490,000 円

(4)　仮計の金額を合計・差引計・総計の欄及び所得金額に記入します。

　　なお，本問には含めませんでしたが，寄附金の支払等があった場合は，仮計の下で計算が続くことになります。

〔参考〕仮に他の調整や税額控除等がないとし，中小企業者等の法人税率 15% で計算すると，次の計算のように納付すべき法人税額は 823,500 円となります。

（法人税額）5,490,000 円（千円未満切捨）× 15% = 823,500 円（百円未満切捨）

〔解答〕

（単位：円）

区　　　分		金　　額
当期利益		5,000,000
加　　算	減価償却の償却超過額	300,000
	役員給与の損金不算入額	500,000
	交際費等の損金不算入額	90,000
小　　計		890,000
減　　算	受取配当等の益金不算入額	400,000
小　　計		400,000
仮　　計		5,490,000
合計・差引計・総計		5,490,000
所 得 金 額		5,490,000

《ステップアップ》

金子友裕［2021］『法人税法入門講義（第5版）』中央経済社。

坂本雅士［2021］『現代税務会計論（第4版）』中央経済社。

成道秀雄［2015］『税務会計』第一法規。

《資格試験に向けて》

税務会計関連の試験として，全国経理教育協会による法人税法能力検定があります。なお，全国経理教育協会では，法人税法能力検定以外にも所得税法能力検定，消費税法能力検定，相続税法能力検定があります。合わせてチャレンジしてください。

国家試験としては，税理士試験の法人税法があります。また，公認会計士試験の論文式試験の必須科目として租税法があります。ここでも法人税法に関する出題がなされております。難しい試験ですが，合格すると税理士・公認会計士という国家資格が得られます。積極的にチャレンジしてもらいたいと思います。

第11章

グローバル経済における
会計ルールってなに
―国際会計―

── 本章のポイント ──

① オリンピック種目のルールは世界統一ですが，財務会計のルールはどうでしょうか。

② 財務会計のルール統一の方法は，「アドプション」と「コンバージェンス」とに大別されます。

③ 勝ち組会計ルールである IFRSs を理解する鍵概念は，「原則主義」「資産負債アプローチ」「包括利益」です。

④ 日本の上場企業に適用可能な会計ルールは4つあり，その中から企業が選択できます。

⑤ 日本が進むべき財務会計ルール国際化の道は，どのようなものでしょうか。

　現代社会では，さまざまな分野で国際化が進んでおり，会計の世界も例外ではありません。投資者は，世界中の企業を投資対象とすべく財務諸表を収集し，比較検討のうえ，投資意思決定します。それでは，これらの財務諸表が国ごとに異なる財務会計のルールで作成されていたらどうでしょうか。そもそも財務諸表作成のルールが異なるのですから，それらを比較することは困難，場合によっては無意味となります。そこで近年，その必要性を声高に唱えられているのが財務会計ルールの統合，すなわち国際会計の問題です。この章では，グローバル経済における財務会計ルールのあり方について学習します。

1. 経済活動ボーダーレス化時代の会計ルール

 会計ルール統一の必要性

　経済社会が今日ほど高度にグローバル化していなかった20世紀は，財務会計のルール（会計基準）を各国が独自に開発・適用していました。すなわち，ニューヨークの証券市場ではアメリカの会計ルール，ロンドンの証券市場ではイギリスの会計ルール，東京の証券市場では日本の会計ルールが適用されており，それで特に問題は生じていませんでした。当時，証券市場のプレイヤー（投資者）の大半は，自国の証券市場のみに参加していたからです。このことはつまり，国によって会計ルールが多少異なろうとも，それはたいした問題ではなかったことをも意味しています。

　スポーツでたとえてみましょう。"相撲"といえば，日本人の多くは国技たる大相撲を想起することでしょう。そのルールも，大抵の日本人は知っているはずです。しかし，世界を見渡すと広い意味で相撲とよべそうなスポーツは，さまざまな国においてみられます。たとえば，モンゴルにはモンゴル相撲，スペインにはスペイン相撲があるようです。しかし，それらの国々における相撲のルール，たとえば土俵があるかないか，あればその大きさはどれほどかなど，とくに問題視されることはないはずです。まさしく「土俵が違う」のですから。

　ところで，もしも相撲熱が世界中で高まり，オリンピック種目への機運が高まったとしたらどうでしょう。そのとき，世界の相撲ルールは，自ずと統一へ向かうことでしょう。統一の方法としては，それらのルールを折衷的に採り入れていくやり方もあれば，特定の国が伝統や経済力を振りかざし，その国のルールを強制的に世界ルールにしてしまうやり方もあるかもしれません。いずれにせよ似て非なるルールでは，世界中の人が楽しむオリンピック種目にはなり得ません。ルールの統一が絶対的に必要となるはずです。

　さて，話を経済社会へ戻しましょう。今世紀に入り，通信網の発達なども相

まって，世界の経済的な距離は急速に縮まっています。投資者は自国のみなら
ず世界中から適切な投資対象を探しています。また，企業経営者も自国のみな
らず世界中から適切なM&A（合併・買収）対象を探しています。いわゆる**経
済活動のボーダーレス化**です。しかし，それらの判断材料においてもっとも重
要といえる財務情報（決算情報）が，異なるルールで作成・公表されていたら，
どうなるでしょう。その答えは待つまでもないでしょう。しかし，現実に会計
ルールは，いまだに世界中で統一されていないのです。これはむしろ驚きの事
実だと思いませんか。

 ## 上場企業における会計ルールは世界に３つ

　会計ルールは，20世紀までは１国１ルールともいえる状況でしたが，EUの
通貨・経済統合などを経て，まず欧州諸国で統一が果たされました。**国際財務
報告基準**（International Financial Reporting Standards：IFRS）を中心としたルー
ルです。残る大きな証券市場を有する国にアメリカと日本がありますが，この
２国は元々自国の会計基準が高度に発達していたこともあり，いまだに独自の
会計ルールを自国の証券市場に適用しているのです。しかし，逆からいえば，
世界の会計ルールは実に３つにまで淘汰されたともいえます。

　IFRSは，**国際会計基準審議会**（International Accounting Standards Board：
IASB）により作成・公表されている会計ルールです。イギリスのロンドンに
本部がおかれる民間機関であるIASBは，2001年に設置された会計ルール設定
主体であり，IFRSという会計基準を作成・公表しています。ちなみに基準の
略称「IFRS」は，そのまま「アイ・エフ・アール・エス」と読むのが正式で
すが，単語風に「イファース」とよばれることもあります。IASBではIFRS
を会計ルールの基本的骨格としつつ，さらにそれに肉づけするルールとして
IFRICという解釈指針を，IFRS解釈指針委員会より作成・公表させています。

　なお，IASBの前身である国際会計基準委員会（International Accounting
Standards Committee：IASC）は1973年に設置された会計ルール設定主体であり，
国際会計基準（International Accounting Standards：IAS）という会計基準を作成・

公表していました。IASC でもまた，解釈指針を作成・公表しており，それは SIC とよばれます。ここで注意すべきは，IASB の前身である IASC が作成・公表した IAS や SIC は現在無効ではなく，IASB により作成・公表される IFRS や IFRIC によって改廃されるまでは有効であり続けることです。そのため，現在有効となる会計基準である IFRS と IAS，解釈指針である IFRIC と SIC を合わせ，IFRS の複数形という意味で「IFRSs」と表記されることがあります（図表 11-1）。経済新聞などで "国際会計基準" と記されているのは，字句どおり IAS のみを指しているわけではなく，IFRSs を意味しているケースが大半である点に留意してください。

図表 11-1　IFRSs の範囲

設定主体	会計基準	解釈指針
IASC	IAS	SIC
IASB	IFRS	IFRIC

＊アミ掛け部分が IFRSs

コラム　会計ルール統一の対象

　企業は，世界のさまざまな証券市場においてその発行する証券が売買の対象とされるべく登録されている「上場」企業と，そうではない「非上場」企業に大別されます。また決算は，子会社等を有することで，親・子会社合算で財務諸表を作成する「連結」決算と，親会社のみの財務諸表を作成する「単体」（あるいは「個別」）決算とに分けられます。

　このうち，会計ルールの統一が問題とされるのは，「上場」企業かつ「連結」決算です（図表 11-2）。その理由は，投資者のニーズにあります。投資者が投資対象とする企業は，自由に証券を売買できる上場企業のみであり，また，投資意思決定のために利用する決算書は企業グループの業績全体を反映する連結財務諸表であるからです。

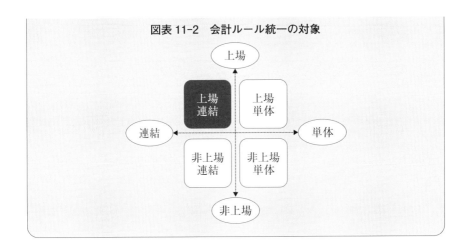

図表 11-2　会計ルール統一の対象

会計ルール国際化の方法

　いまや，会計ルールは世界に3つしかないことを示しましたが，その勢力分布において拮抗状態にあるとは到底いえません。適用国・地域の数でいえば，[IFRSs：アメリカ・ルール：日本ルール＝140超：1：1]です。いまや世界は，IFRSs に完全に飲み込まれようとしています。つまり，会計ルール国際化の争点は，どのルールが勝つかではなく，アメリカ・ルールと日本ルールが今後も存立する意味があるか否かに移っているといえます。そこで，その国際化の方法について考えてみましょう。この問題は，のちほど考察する，我が国がいまだ最終決定できないでいる大きな経済論点にもつながります。

　会計ルール統一の方法は，アドプション（adoption）方式とコンバージェンス（convergence）方式とに大別されます。また，統一ではないものの，異なるルール適用国間における実務上の便法として，相互承認方式があります。**アドプション**とは，特定のルール（たとえば IFRSs）を，自国のルールに置き換える方法です。この方法では，自国によるルール作成を放棄することになります。**コンバージェンス**とは，自国でルールを作成しますが，そのさい，特定のルールと自国のルールとを実質的に同等とするための継続的作業を施す方法であり，「収れん」ともよばれます。**相互承認**とは，特定のルールで作成された

図表 11-3　会計ルール国際化の方法

	公表財務諸表作成ルール設定主体	自国におけるルール設定主体の要否	比較可能性
相互承認	他国	要	低
コンバージェンス	自国	要	高
アドプション	他国	否	高

　財務諸表が自国のルールと異なるものだとしても，それを自国のルールで作成された財務諸表と同等のものとみなし，当事国が承認しあう方法です。これらを整理すれば，図表 11-3 のとおりです。

　なお，アドプション方式では特定のルールを全面適用する方法である**フル・アドプション**方式と，一部のルールにつき既定のルールから離脱する方式とがあります。後者の方法における既定のルールから離脱することを，**カーブ・アウト**とよぶことがあります。欧州諸国が実施するアドプション方式では，必ずしもフル・アドプション方式ではなく，カーブ・アウトしたアドプション方式もみられます。

> ### コラム　アメリカ・ルールの特徴
>
> 　アメリカの会計ルール設定機関は，法的には証券取引委員会（Securities and Exchange Commission：SEC）となります。しかし，SEC 自らはルールを開発せず，民間機関（プライベート・セクター）である財務会計基準審議会（Financial Accounting Standards Board：FASB）に開発を委譲し，それを追認する方法によっています。
>
> 　FASB は，1972 年に設立された会計ルール設定主体です。アメリカでは，それまで職業会計士の団体内部に設置されていた会計原則審議会にて会計ルールを作成・公表していましたが，FASB がその作業を継承しました。そこで公表される会計ルールの中心は，①財務会計基準書，②解説書，③専門公報，④財務会計概念書です。①は個別の会計基準，②は会計基準の解釈文書，③は①や②が扱っていない特定項目に関する指針です。

④は概念フレームワークともよばれ，会計ルールそのものではなく，財務会計の基礎にある前提や概念を体系化したものといえ，FASB の特徴となっています。たとえば，財務報告の目的や，財務諸表の構成要素（資産，負債などの定義）などが記されています。これは，現行会計ルールの理解を促進するために利用されるとともに，将来の会計ルール開発の指針としても利用され，しばしば会計の世界の憲法に擬えられます。

　FASB におけるもう1つの特徴は，デュー・プロセスです。これは，会計ルールの作成過程においてさまざまな利害関係者の参加を求め，その意見をルールに反映させようとするものです。当時の他国会計ルール設定主体によるルール作成・公表の方法と比較すると，きわめて公開性が高く，民主的な作り方になっていたといえます。

　FASB が先鞭をつけた概念フレームワークとデュー・プロセスは，のちの国際会計基準審議会（IASB）や日本の企業会計基準委員会（ASBJ）にも大きな影響を与えました。

2.　IASB の会計ルール

IFRSs の鍵概念（1）―原則主義

　IASB では，基本的な原理・原則のみを定めておき，かつ，極力例外的方法を認めない**原則主義**というスタンスをとります。これに対し，アメリカや日本は，基本的な原理・原則のみならず，詳細かつ具体的な定めまでを設ける細則主義というスタンスをとります。先のたとえ話，相撲を引き合いに出せば，その反則技の定め方として，「危険な技」とだけ明記するのが原則主義，危険な技の種類を1つ1つあげて明記するのが細則主義といえます。事実，IFRSs とアメリカの会計基準書のドキュメント量を比較すると，細則主義を採るアメリ

カのそれは，原則主義を採る IFRSs のそれのおよそ 10 倍にもなるそうです。

　それでは，IASB はなぜ原則主義を採ったのでしょうか。それを探るために，その特徴を整理してみましょう。まず利点ですが，①企業の判断に基づき経営の実態をより適切に反映した会計処理が可能となること，②細則主義においてあらゆるケースを想定して基準を設定するには限界があること，③細則主義の数値基準を逆手にとったルール網のくぐり抜けを抑止できることなどがあげられます。①は原則主義を採る積極論拠，②と③は対置される細則主義の欠点を踏まえたもので，いわば消極論拠ともいえるでしょう。

　これに対して，原則主義の欠点といえば，①恣意的な処理が行われる可能性があり，また，実質的な比較可能性が損なわれる可能性があること，②会計処理の適用についての判断とその根拠を作成者が注記事項（財務諸表の欄外における補足文章）において示す必要があり，実務上の煩雑さが増すこと，③作成者（経理担当者），監査人（公認会計士），当局間における見解の相違に起因する調整負担が増すことなどがあげられます。①は解釈の幅広さに起因する原則主義の根源的問題，②と③は実務上の問題といえるかもしれません。

　このような特徴を有する原則主義ですが，細則主義との対比で表現するならば，“当てはめるルール”である細則主義に対し，“考えるルール”である原則主義とでもいえるでしょう。細則主義と原則主義の相違は，単に財務諸表の作り方のみならず，財務諸表の作成者や監査人に要求される資質にも影響を及ぼすことが考えられます。細則主義であれば，会計（学）の専門教育を受けたことがない作成者であっても，ルールの当てはめ方さえ理解してしまえばその作成が可能となり，また，監査人の監査も比較的容易でしょう。ところが原則主義であれば，1 つ 1 つについて，作成者や監査人は自身で考え，判断しなければならないのですから，会計的思考力（いわゆるアカウンティング・マインド）が備わっていない会計人には，相応のスキル・アップが要求されるはずです。しかし，よくよく考えてみれば，それが備わっている者こそが，真の意味で会計プロフェッションといえるのではないでしょうか。

IFRSs の鍵概念（2）―資産負債アプローチ

　継続企業を前提とした期間利益の解釈論（利益観）は，一般に収益費用アプローチと資産負債アプローチとに大別されます。収益費用アプローチは，収益と費用の概念を中心に会計計算構造を理論構成し，期間利益はフロー概念である収益から費用を差し引いて計算する考え方です。これに対して**資産負債アプローチ**は，資産と負債の概念を中心に会計計算構造を理論構成し，期間利益はストック概念である持分（＝資産－負債＝純資産）額の 1 期間中の増減額（ただし，増資等持分の直接の増減を除く）として計算する考え方です。一般的に，我が国の伝統的な会計は収益費用アプローチ，IFRSs やアメリカの会計は資産負債アプローチに立脚していると考えられています。

　それでは，なぜ IFRSs は資産負債アプローチに立脚するのでしょうか。これについてはさまざまな見方があるでしょうが，端的には会計情報としての把握目標の違いに根ざしたものといえるでしょう。図表 11-4 に示すように，資産負債アプローチでは，企業の富の把握を目標とします。たとえば，保有する同一企業グループの株式（持合株式）の市場価格（時価）が上昇したとすれば，自社にとって富が増大したことに間違いはありません。したがって，その分だけ期末の資産を評価増しするとともに，利益のプラス要素として把握します。そのさい，その時価評価差額が利益の処分財源となりうるか否かは問題とされません。もっとも単純なたとえでいえば，「あの人は，お金持ちだ」という判断基準を，本年中に稼ぎが多かった（収入がたくさんあった）人とみるのが収

図表 11-4　2 つの利益観

収益費用アプローチ	把握目標	資産負債アプローチ
企業活動の効率性	把握目標	企業の豊かさ（富）
フロー計算書	中心的財務表	ストック計算書
収益・費用	重視される財務構成要素	資産・負債
収益と費用の期間対応	鍵概念	資産・負債の期末測定
純利益	業績利益	包括利益
日本（単体）	適用国等	IFRSs，アメリカ

益費用アプローチであり，年末の保有財産が多い人（不動産長者，証券長者など）とみるのが資産負債アプローチと考えればよいかもしれません。IFRSs では，後者のように考えているのでしょう。

 ## IFRSs の鍵概念（3）―包括利益

　今も昔も，会計情報で最重要視されるのは利益です。しかし，一口に利益といっても，さまざまなものがあります。日本で財務諸表を利用する人々，あるいは簿記を学ぶ人々にとって，利益といえば，営業利益，経常利益，当期純利益などが馴染み深いと思います。従来，日本では，企業の最終利益は純利益とされてきました。またかつて，これらの利益のうち経常利益がもっとも重要であるといわれたこともありました。ところが IFRSs では，経常利益などそもそも存在しません。その代わりというわけではありませんが，**包括利益**（comprehensive income）という利益が最終利益とされ，純利益にもまして重視されます。なぜ，このような違いが生じるのでしょうか。

　もう一度，図表 11-4 をみてください。日本の伝統的な会計では，業績利益を示すために純利益という利益概念が重視されます。ここでの「業績」の意味は，経営者の業績という意味合いが強いのです。また，制度上の要求から，配当や課税といった処分に耐える利益が要求されてきたのです。たとえば，先の持合株式の増価分は直接的には経営者の業績でもありませんし，そもそも企業グループ内で相互に持ち合っている株式ですからすぐに処分できるものでもありません。そこで，それは純利益には含めないのです。

　これに対し IFRSs では，企業の富を示すことを目標とするため，それが経営者の業績か否か，処分に耐えるか否かなどとは関係なく，資産が増大すれば同時に収益が発生すると考えます。しかし，売上高などの営業活動から稼得したそれとは質が違うことを考慮し，"収益・費用には違いないが少々異質なもの"というニュアンスの「その他の包括利益」という追加的な概念を設けたのです。ここでの「その他」は，「純利益以外」という意味です。これらの関係を勘定図で示したものが図表 11-5 です。ちなみに図では財務諸表の名称として

図表11-5　純利益と包括利益

*その他の包括利益（other comprehensive income：OCI）の純額。

IFRSsのそれを用いていますが,「財政状態計算書」は日本の「連結貸借対照表」,「純損益及びその他の包括利益計算書」は日本の「連結損益及び包括利益計算書」に相当するものと考えてください。

　それでは,なぜIFRSsは包括利益を最終利益とし,純利益よりも重視するのでしょうか。これについては,包括利益を採るべき積極的理由と,純利益を採りたくないという消極的理由があるように思われます。

　まず,積極的理由ですが,そもそもIFRSsでは投資意思決定に資する最重要情報はストック計算書である財政状態計算書と考えている点があげられます。とりわけ公正価値による純資産の測定を重視すれば,その測定差額が処分可能か否かにより当期純利益とその他の包括利益を区別して把握する意味は薄れます。そこで,一義的な利益として包括利益を据えているのです。

　また,消極的理由として,包括利益は純利益よりも作成者による操作の余地が少ないことが指摘されます。収益費用アプローチによる純利益の算定には,収益と費用を定義したうえで,その認識（いつ収益が獲得されたかなど）基準を定めなければなりません。ところが,それらの決定はきわめて曖昧なものにならざるをえず,資産や負債の確定よりも説得力に乏しいとの指摘がしばしば

なされます。一般に収益の認識は"実現"の時点とされますが，肝心の実現の概念が業態や取引の種類によってさまざまであったり，複数存在したりするのです。フローというものは文字どおりのストックと違い，目にみえない概念なので，そのような問題が生じやすいともいえるでしょう。

3. 会計ルールの国際化へ向けて

 ### アメリカの動向

　2002年10月，アメリカのFASBはIASBとの間でノーウォーク合意を公表し，アメリカ・ルールをIFRSsとコンバージェンスさせる方向へと，大きく舵を切りました。また2008年時点で，SECは2014年からの自国企業のIFRSs強制適用さえ見据えていました。しかし，アメリカはその後大きく揺らぎます。この間の主な動きをまとめれば，図表11-6のとおりです。現時点でアメリカは，最終的な政策決定を行っていません。

　このようにアメリカでは，当初IFRSsとのコンバージェンスに積極的とみられていましたが，2010年，SEC公表の「声明」あたりから風向きが変わってきたようにもみえます。少なくとも，アメリカが近いうちにIFRSsを強制適用するとの見方は薄れています。ただし，SECは国内の上場外国登録企業におけるIFRSsの任意適用を2007年より認めており，その数は500社にも及ぶといわれています。結局，アメリカの会計ルールは現在2つ，元来の国内ルールたるFASB作成・公表のものと，外国登録企業のみが適用できるIFRSsです。

　他方，アメリカ以外の国際的な状況といえば，2005年のEU諸国によるIFRSs強制適用を皮切りに，漸次IFRSsが浸透し，すでに140を超える国・地域で導入済みとなっています。経済規模が大きいG20国に関するIFRSs適用状況を示せば，図表11-7のとおりです。

図表 11-6　IFRSs 適用に向けたアメリカの動向

発信年月	発信者	動　向
2002 年 10 月	FASB	IASB との間で「ノーウォーク合意」を公表。アメリカ・ルールと IFRSs のコンバージェンス推進を合意。
2006 年 2 月	FASB	「覚書」（MoU）を公表。アメリカ・ルールと IFRSs の差異分析結果をとりまとめ，重要な差異を短期コンバージェンス項目と他の共同プロジェクト項目とに分け，2008 年までに達成すべき目標を設定。
2007 年 11 月	SEC	外国登録企業による調整表なしの IFRSs 準拠財務諸表を承認。
2008 年 11 月	SEC	「ロードマップ案」を公表。要件充足国内上場企業に対し，2009 年から IFRSs の早期任意適用，2014 年からその強制適用を提案。
2010 年 2 月	SEC	「声明」を公表。「ロードマップ案」で示した IFRSs の早期任意適用を撤回。SEC が IFRSs を国内企業に認めるかどうかの決定を 2011 年中に行うことを前提として，強制適用の時期を 2014 年ではなく，2015 年または 2016 年に先延ばし。
2011 年 5 月	SEC	「スタッフ・ペーパー」を公表。アメリカ・ルールに IFRSs を組み込む方法の 1 つとして，コンドースメント・アプローチ*を採択。 　＊　IASB が公表する新基準について順次エンドースメント（承認）を行い，既存の差異のある基準について，5 ないし 7 年かけアメリカ・ルールに IFRSs を組み込む方法。
2012 年 3 月	SEC	「最終スタッフ報告書」を公表。アドプション以外の方法による IFRSs 取り込みを示唆。

図表 11-7　G20 国における自国上場企業の IFRSs 適用状況

順位[1]	国	アドプション		コンバージェンス	未　定
		強制適用（年）	任意適用（年）		
1	アメリカ				○[2]
2	中　国			○	
3	日　本		○（2010）[3]		
4	ドイツ	○（2005）			
5	イギリス	○（2005）			
6	インド			○	
7	フランス	○（2005）			
8	イタリア	○（2005）			
9	カナダ	○（2011）			
10	韓　国	○（2011）			
11	ロシア	○（2012）			
12	ブラジル	○（2010）			
13	オーストラリア	○（2005）			
14	メキシコ	○（2012）			
15	インドネシア			○	
16	トルコ	○（2005）			
17	サウジアラビア	○（2017）			
18	アルゼンチン	○（2012）			
19	南アフリカ	○（2005）			

＊1）G20 内の 2020 年 GDP 順位。
＊2）自国企業は適用不可。外国登録企業は任意適用（2007）。
＊3）自国企業は任意適用。

日本における国際会計への取り組み

　2010 年―日本電波工業，2011 年―HOYA／住友商事，2012 年―日本板硝子／日本たばこ産業，2013 年―ディー・エヌ・エー／アンリツ／SBI ホールディングス／マネックスグループ／双日／丸紅／トーセイ／中外製薬／楽天／ネクソン／旭硝子等々。これらは，IFRSs の任意適用が確定した 2010 年以後，早々に日本ルールから移行した企業の適用年と社名です。皆さんがよく知っている企業も含まれていませんか。これらの企業に共通するのは，世界中の投資家から資金を呼

図表 11-8　IFRSs 適用に向けた日本の動向

発信年月	発信者	動　向
2007 年 8 月	ASBJ	IASB との間で「東京合意」を公表。2011 年 6 月までの日本基準と IFRSs の違いを解消，会計基準の全面共通化を合意。
2009 年 6 月	金融庁	「日本版 IFRS ロードマップ」を公表。要件充足企業に対し，2010 年 3 月期より IFRSs を任意適用。強制適用判断については，2012 年中を予定（強制適用の場合，適用開始は2015 年または 2016 年より）。
2011 年 6 月	金融担当大臣	IFRSs 導入に関し早期適用を否定。
2012 年 7 月	企業会計審議会	「中間的論点整理」を公表。IFRSs 適用のあり方について審議継続を要求。2012 年中の IFRSs 強制適用判断は延期。
2013 年 6 月	企業会計審議会	「当面の方針」を公表。IFRSs 任意適用の修正対応策（任意適用要件の緩和，IFRSs 適用の方法（エンドースメント*），単体開示の簡素化など）を明示。強制適用については未判断。 　　＊IFRSs を自国ルールとして取り込む際，それをそのまま全面的に採用するのではなく，個別ルールを 1 つ 1 つ検討し，必要があれば一部ルールを削除または修正して採択する方法。
2014 年 6 月	政　府	IFRSs 任意適用企業の拡大促進を閣議決定。
2015 年 6 月	ASBJ	「修正国際基準」を公表。

び込もうとする姿勢ではないでしょうか。2022 年 6 月現在，全上場企業中，IFRSs 適用（予定を含む）会社の時価総額の割合は 44.4％に達しています。

　日本の会計における国際化は，紆余曲折を経て今日に至るものの，アメリカと同様に最終的な結論に至っていません。これまでの主立った経緯を図表 11-8 に示します。ちなみに ASBJ は，企業会計審議会の「当面の方針」を受け，エンドースメント手続きにより日本版 IFRS ともいうべき**修正国際基準**（Japan's Modified International Standards：JMIS）を導入しました。これは文字どおり，IFRSs をベースとした一部修正版であり，ASBJ としては受容しがたい IFRSs の処理に限って別処理を示したものです（なお，ASBJ は 2022 年 9 月時点で，JMIS の開発を停止しています）。

　これで日本の会計ルールは，4 つが並存することになりました。すなわち，①日本ルール，②アメリカ・ルール，③ IFRSs，さらに，④ JMIS です。①はいうまでもなく ASBJ 作成・公表のルールであり，大半の企業が採用していま

す。②は従前から認められていたもので，FASB 作成・公表のルールに基づいた財務諸表を SEC に提出している企業への容認，③は2010 年から認められたピュア IFRSs であり，**指定国際会計基準**といわれるもの，そして④が上述した IFRSs の修正版です。果たしてこんなにいくつものルールが，同一市場に並存することは好ましいことでしょうか。晴れてオリンピック種目となった相撲のルールが4つもあり，その競技者ごとに選べるようなものです。そのさい，対戦者同士が同じルールで勝負するならまだしも，違うルールを選んだ場合に対戦が成立するのか，心配になります。

 ## 日本における会計ルールの混沌

　欧州は1つ，アメリカは2つ，日本は4つ。上場企業に認められる，会計ルールの数です。なぜ，日本では会計ルール国際化の局面で，このような混沌ともいうべき事態を引き起こしたのでしょうか。これにはいくつかの要因が考えられますが，1つには従来，日本は世界三大証券市場の一角を形成しており，それに見合った伝統的な会計ルールが十分に定着していた点があげられるでしょう。自国の会計ルールがないか，あっても貧弱なものであれば，別のルールに鞍替えするのにさほどの躊躇を要しないものですが，幸か不幸か日本はそうではなかったのです。

　また，アメリカへの対抗意識でしょうか，「アメリカ・ルールが残っている以上，日本ルールも残すべき」という論調も一部にみられます。当初予定どおりなら，すでに決着がついていたはずの会計ルール国際化問題につき，今日に至っても最終結論が得られていないのは，自国ルール維持を目論むアメリカの出方を，日本が常にうかがっていた点にあることは否定できません。しかし，アメリカには今でも世界最大の証券市場があり，今後も当面は資本集中が続くでしょう。これに比べると日本の市場規模は到底それには及びません。

　さらに見逃せない事実は，アメリカ・ルールは世界的に知られていますが，日本ルールは日本以外ではまったくといってよいほど知られていない点です。他国から認知されていない日本ルールを堅持することで投資者の日本離れが進

んでしまい, その分が中国の資本市場などに流れることも十分に想定されます。つまり, インフラであるはずの会計ルールが, 実体経済を変えてしまうことにもなりかねないのです。それでは元も子もありません。

　繰り返しになりますが, 日本の証券市場は会計ルールが 4 つもある特殊なものです。それらの違いを, 日本人投資者でさえも正確に理解するのは困難でしょう。いわんや外国人投資者をやです。しかし, その 4 つはまったく色合いの違うものではありません。仮に青, 赤, 黄, 黒のようにまったく違う色では, どれか 1 つに統一しようもありませんが, 日本の 4 つの会計ルールは, 青, 水色, 紫, 紺のような色合いといえます。これらのうち 1 つに統一するのは, さほど困難なこととも思えないのですが, 皆さんはどう考えますか。

《練習問題》
　1）　会計ルール統一方法としてのコンバージェンス方式とアドプション方式の特徴を説明してみよう。
　2）　日本の会計ルールは今後どのようにあるべきか, あなたの意見を述べてみよう。

《ステップアップ》
　秋葉賢一［2018］『エッセンシャル IFRS（第 6 版)』中央経済社。

《資格試験に向けて》
　1）　東京商工会議所主催「国際会計検定」（BATIC）：これは英語による会計取引と国際会計理論の理解度を問うものです。Subject1/Subject2。
　2）　ICAEW（イングランド・ウェールズ勅許会計士協会）主催「IFRS 検定試験」：これは語学力の壁を取り除いた純粋な IFRS 知識を測るものです。

第**12**章

持続可能な社会づくりに会計は どう貢献できるの
—SDGs・ESG と会計報告—

本章のポイント

① 現代企業は，株主の利益のみを追求する短期的な利益追求型から，すべての ステークホルダーの利益を追求する長期的に持続可能な価値創造型へと価値観 の転換が求められています。

② 環境・社会問題を解決するための「持続可能な開発目標」である SDGs と， その目標を達成するために企業が取り組む ESG とは何かを理解します。

③ 長期的に持続可能な企業価値の向上を図るために，企業は ESG 要素をどのよ うに会計報告に反映しているかを理解します。

　近頃，新聞，雑誌，テレビ，ラジオなどのマスメディアを通じて SDGs や ESG（環境・社会・ガバナンス）という言葉をよくみかけるようになり，教科 書の題材にも取り上げられるようになりました。また，気候変動問題や廃棄物 の低減，パワハラなどの各種ハラスメント，LGBTQIA＋やダイバーシティ， 強制労働による人権侵害，取締役会（役員）の構成など，さまざまな分野で ESG や SDGs の問題が議論されるようになりました。

　グローバル化した現代社会において，世界の大きな潮流（トレンド）にもなっ ているさまざまな ESG 問題に対して，企業は自ら主体的に考え，行動し，新 しい価値観や枠組みに対して積極的・能動的に適応する能力が求められていま す。

　では，企業は長期的に持続可能な企業価値の向上を図るうえで，ESG 要素 をどのように会計報告に反映していくべきでしょうか。以下では，持続可能な 社会づくりに向けて，企業や会計がどのように貢献できるのか，学んでいくこ とにしましょう。

1. 株主資本主義からステークホルダー資本主義へ

これまで長らく，欧米では，株主の利益（株主価値）を重要視する株主中心の企業観が支配的でした。こうした考え方を**株主資本主義**（shareholder capitalism）といいます。これに対し，近年，株主だけでなく，顧客や従業員などすべてのステークホルダー（利害関係者）の利益に焦点を当てた企業観がクローズアップされるようになりました。こうした考え方を**ステークホルダー資本主義**（stakeholder capitalism）といいます。

2019 年に世界経済フォーラム（World Economic Forum）は，ダボスマニフェスト 2020「第 4 次産業革命における企業の普遍的目的」を公表しました。本マニフェストでは，「企業の目的は，すべてのステークホルダーを共有された持続的な価値創造に関与させることにあります。このような価値を創造するうえで，企業は株主だけでなく，すべてのステークホルダー──従業員，顧客，サプライヤー，地域社会，および社会全体──に価値を提供する」ことであると述べられています。

現代において，地球環境や生態系を破壊したり，従業員を奴隷のように扱ったり，搾取したりするような企業があるとすれば，そうした企業は短期的には利益を得られたとしても，将来にわたって経営を続けていくことは難しいでしょう。投資家や従業員のみならず，すべてのステークホルダーからも批判の嵐にさらされることになるからです。

このように，現代企業は株主の利益のみを追求する短期的な経済的利益追求型から，すべてのステークホルダーの利益を追求する長期的に持続可能な価値創造型へと価値観の転換が求められています。とはいえ，これまでよしとされてきた価値観をいきなり捨てて，新しい価値観をすぐに受け入れるのは簡単なことではありません。COVID-19（新型コロナウイルス感染症）によるパンデミックを経験し，人々の価値観も大きく変わりました。こうした体験をした今だからこそ，いろいろな意味でグレート・リセットを行うべき良い契機といえるかもしれません。

2.　SDGs および ESG とは

 SDGs とは何か

　まず，**SDGs**（Sustainable Development Goals）は，「誰一人取り残さない」
ことを目指して，2015 年に国際連合（United Nations）で採択された「我々の
世界を変革する：持続可能な開発のための 2030 アジェンダ」の中で掲げられ
たものです。この目標は，図表 12-1 で示すように，17 の開発目標と 169 のター
ゲットおよび 230 の指標が設定されています。

図表 12-1　国連による 17 の持続可能な開発目標

（出典）国際連合広報センター「2030 アジェンダ」2022.02.03 参照。

　SDGs については，すでに多くの文献等で取り上げられているので，詳しい
内容まで踏み込みません。この中で，SDGs の 1 つに気候変動問題に関するも
の（目標 13）があります。この問題を解決するには，国際社会が一致団結し
て取り組んでいくことが求められています。この SDGs に関連する気候変動に
関する国際的な枠組みとして「パリ協定」があります。

　パリ協定は，2015 年 12 月にパリで開催された「第 21 回国連気候変動枠組

178

条約締約国会議」（COP21）で採択された2020年以降の温室効果ガス排出削減等のための新たな国際的枠組みのことをいいます。図表12-2は，パリ協定の概要を示したものです。これによれば，世界共通の長期目標として2℃目標の設定，1.5℃に抑える努力を追求することなどが含まれていることがわかります。わが国は，2015年の地球温暖化対策推進本部で決定され，国連に提出された「日本の約束草案」では，「国内の排出削減・吸収量の確保により，2030年度に2013年度比▲26.0%（2005年度比▲25.4%）の水準（約10億4,200万t-CO2）にすること」と述べられています。国際的な約束を果たしていくためにも，官民を挙げた取り組みが重要であり，とりわけ，企業が気候変動問題に対してどのように取り組んでいるかについて社会から厳しい視線が投げかけられています。

図表 12-2　パリ協定の概要

・世界共通の長期目標として2℃目標の設定。1.5℃に抑える努力を追求すること。
・主要排出国を含む全ての国が削減目標を5年ごとに提出・更新すること。
・全ての国が共通かつ柔軟な方法で実施状況を報告し，レビューを受けること。
・適応の長期目標の設定，各国の適応計画プロセスや行動の実施，適応報告書の提出と定期的更新。
・イノベーションの重要性の位置付け。
・5年ごとに世界全体としての実施状況を検討する仕組み（グローバル・ストックテイク）。
・先進国による資金の提供。これに加えて，途上国も自主的に資金を提供すること。
・二国間クレジット制度（JCM）も含めた市場メカニズムの活用。

（出典）外務省「2020年以降の枠組み：パリ協定」2020.02.03参照。

図表12-3は，2021年現在のSDGs達成度ランキング（上位20か国）を示したものです。これによると，フィンランドがスコア85.9で1位となっており，2位スウェーデン，3位デンマークと北欧諸国が上位を占めています。日本のスコアは79.8で18位となっています。

企業は，国際的に重要な経営課題となっているSDGsをいかに経営実践に落とし込み，価値創造につなげていくかが問われています。2019年に経済産業

図表 12-3　世界の SDGs 達成度ランキング（2021 年）

ランキング	国	スコア	ランキング	国	スコア
1	フィンランド	85.9	11	オランダ	81.6
2	スウェーデン	85.6	12	チェコ	81.4
3	デンマーク	84.9	13	アイルランド	81.0
4	ドイツ	82.5	14	クロアチア	80.4
5	ベルギー	82.2	15	ポーランド	80.2
6	オーストリア	82.1	16	スイス	80.1
7	ノルウェー	82.0	17	イギリス	80.0
8	フランス	81.7	18	日本	79.8
9	スロベニア	81.6	19	スロバキア	79.6
10	エストニア	81.6	20	スペイン	79.5

（出典）Jeffrey D. Sachs, Christian Kroll, Guillaume Lafortune, Grayson Fuller, and Finn Woelm［2021］*Sustainable Development Report 2021*, p.10 をもとに作成。

省から公表された「SDGs 経営ガイド」では，経営者が SDGs 経営をどのように実践したらよいか，投資者はそれをどのように評価したらよいかの視点を提供しています。

　環境省の「すべての企業が持続的に発展するために―持続可能な開発目標（SDGs）活用ガイド―（第 2 版）」では，SDGs 活用のメリットとして，「企業イメージの向上」，「社会の課題への対応」，「生存戦略になる」，「新たな事業機会の創出」の 4 つが挙げられています。SDGs は，もはや経営の視点として取り入れていかなければならない要素であるといえるでしょう。

ESG とは何か

　次に，ESG とは，環境（Environment），社会（Social），ガバナンス（企業統治）（Governance）の頭文字をとった用語です。企業が公表する財務情報に加えて，ESG に着目して投資先を選定して投資することを **ESG 投資** といいます。図表 12-4 からわかるように，ESG 投資の総額は年々増加しています。2021 年に世界持続可能投資連合（GSIA）が公表した「Global Sustainable Investment

Review 2020」によると，2020 年の ESG 投資総額は 35.3 兆米ドルで，2 年前から 15%増加しています。わが国における ESG 投資額も 2016 年の 4,740 億米ドルから 2.8 兆米ドルへと飛躍的に拡大していることがわかります。このように投資の世界においても，ESG は注目されてきているのです。

図表 12-4　世界 ESG 投資額の推移（単位：10 億米ドル）

地域	2016 年	2018 年	2020 年
欧州	12,040	14,075	12,017
アメリカ	8,723	11,995	17,081
カナダ	1,086	1,699	2,423
オーストララシア	516	734	906
日本	474	2,180	2,874
合計（10 億米ドル）	22,839	30,683	35,301

＊オーストララシアとは，オーストラリア・タスマニア・ニュージーランド・ニューギニア地域の総称。
（出典）GSIA［2021］*Global Sustainable Investment Review 2020*, p.9, Figure.1 をもとに作成。

　では，ESG とは，具体的にどのようなものを指すのでしょうか。図表 12-5 は，年金積立金管理運用独立行政法人（GPIF）のウェブサイトで示されている ESG に関する要素の例です。図表 12-5 からわかるように，環境の（E）には，気候変動や水資源，生物多様性などが含まれ，社会の（S）には，ダイバーシティやサプライチェーンなど，ガバナンスの（G）には，取締役会の構成や少数株主保護などが含まれます。

　このように，SDGs や ESG は，現代社会や企業が取り組むべき重要な課題となっています。そこで，以下では，ESG の環境（E），社会（S），ガバナンス（G）の各側面を個別にみていきながら，会計との関わり合いについて確認していくことにしましょう。

図表 12-5　ESG に関する要素の例

（出典）年金積立金管理運用独立行政法人（GPIF）「ESG 投資」2020.02.03 参照。

3.　ESG—環境（E）と会計報告

 ### 地球環境問題とは

　大量生産・大量消費・大量廃棄を前提とした経済システムでは，さまざまな社会問題やゆがみが生じました。その1つが，公害問題です。わが国は，高度成長期に四大公害病（新潟水俣病，四日市ぜんそく，イタイイタイ病，水俣病）を経験しており，当時大きな社会問題となりました。環境基本法では，公害とは，「事業活動その他の人の活動に伴って生ずる相当範囲にわたる大気の汚染，水質の汚濁（略），土壌の汚染，騒音，振動，地盤の沈下（略）及び悪臭によって，人の健康又は生活環境（略）に係る被害が生ずること」（第2条第3項）をいいます。また，同法では公害の他に，「人の活動による地球全体の温暖化又はオゾン層の破壊の進行，海洋の汚染，野生生物の種の減少その他の地球の全体又はその広範な部分の環境に影響を及ぼす事態」（第2条第2項）にも言及

しており，環境問題は広範囲に及んでいることがわかります。

　とくに各国政府の大きな関心事となっているのが，地球規模で年々深刻さを増している地球の温暖化，すなわち気候変動問題です。地球温暖化対策とともに，気候変動の影響による被害の回避・軽減対策も重要になってきています。「気候変動適応法」では，気候変動影響とは，「気候変動に起因して，人の健康又は生活環境の悪化，生物の多様性の低下その他の生活，社会，経済又は自然環境において生じる影響」（第2条第1項）をいいます。環境省の「気候変動適応法の概要」によれば，水稲の白未熟粒といった農産物の品質低下，豪雨といった災害・異常気象の増加，熱中症患者の増加といった熱中症・感染症リスクの高まり，サンゴの白化といった生態系への悪影響と多方面に気候変動の影響が顕在化し，今後さらに深刻化する恐れがあると指摘されています。

　図表12-6は，2020年の世界各地で発生した異常気象を示したものです。図表12-6中の「アジア」に目を向けてみると，日本を含むアジア各地で大雨による災害が発生していることがわかります。こうした多様な気候変動問題に対して，官民をあげて早急に対策を講じていくことが求められています。

図表 12-6　2020 年の世界各地の異常気象

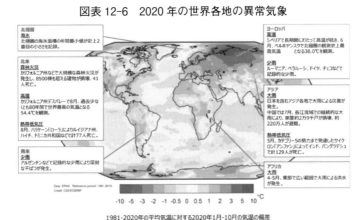

1981-2020年の平均気温に対する2020年1月-10月の気温の偏差

（出典）環境省［2021］「令和3年版　環境・循環型社会・生物多様性白書」14頁，図1-2-1。

環境報告

　事業者が**環境報告**を行う際の報告指針として，環境省の「環境報告ガイドライン 2018 年版」があります。このガイドラインでは，環境報告で報告する事項と報告に際しての留意点が示されています。また，「環境報告のための解説書―環境報告ガイドライン 2018 年版対応―」では，環境報告とは，「事業者が，事業活動による直接的・間接的な環境への重大な影響について，ステークホルダーに報告する行為」と定義されています。

　図表 12-7 で示すとおり，その利用者の違いによって環境報告の開示媒体が異なっていることがわかります。現在，環境報告は，任意開示や強制開示の別を問わず，有価証券報告書や事業報告書，サステナビリティ報告書，CSR 報告書などさまざまな媒体で行われています。図表 12-8 は，環境報告書，**サステナビリティ報告書**，CSR 報告書，財務報告書，**統合報告書**の定義をまとめたものです。

図表 12-7　想定される利用者別の環境報告の開示媒体

想定される主な報告の利用者	金融関係者（投資家，債権者等）			マルチステークホルダー			
				経済・環境・社会分野（トリプルボトムライン・ESG）			環境分野
開示媒体	有価証券報告書	事業報告書	統合報告書	サステナビリティ報告書	CSR報告書		環境報告書
				環境報告			

（出典）環境省［2018］「環境報告のための解説書―環境報告ガイドライン 2018 年版対応―」7 頁，図表 2。

図表 12-8　各開示媒体の定義内容

開示媒体名称	定　義
環境報告書	基本的に環境報告だけで構成される任意の開示媒体
サステナビリティ報告書	環境報告書と同様に任意に作成する開示媒体ですが，単に環境情報だけでなく，社会分野，経済分野の情報までカバーする開示媒体
CSR 報告書	「企業の社会的責任」に関する事業者の取り組みや成果が記載された報告書
財務報告書	有価証券報告書や事業報告書，アニュアルレポート
統合報告書	事業者等の組織が，短・中・長期にわたり，さまざまな経営資源（諸資本）を利用して，どのように価値創造するかを，主に財務資本の提供者に向けて説明する報告書

（出典）環境省［2018］「環境報告のための解説書―環境報告ガイドライン 2018 年版対応―」8-9 頁をもとに作成。

　たとえば，図表 12-9 で示した住友商事による開示のケースから，さまざまな開示媒体を使って財務・非財務情報をステークホルダーに伝達しようとしていることが理解できます。加えて，同図表から，同社の「ESG コミュニケーションブック」は非財務情報のうち，サステナビリティに関する活動の詳細情報を ESG の観点でまとめたものであることがわかります。

図表 12-9　住友商事の編集方針

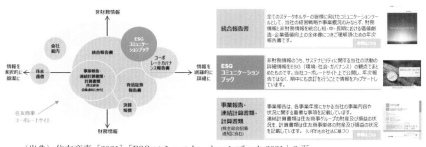

（出典）住友商事［2021］「ESG コミュニケーションブック 2021」2 頁。

　こうした種々の報告書を通じて，金融関係者（投資家，債権者等）やマルチステークホルダーは，事業活動による直接的・間接的な環境への重大な影響について知ることができ，その情報に基づいた種々の意思決定を下すことが可能となります。

　なお，会計では環境会計という領域があり，多くの文献ですでに紹介されています。紙幅の制限もあるため，環境会計については他の文献に譲ることとします。

 気候関連財務情報開示タスクフォース（TCFD）の勧告

　環境省が 2020 年に公表した「令和 2 年版　環境・循環型社会・生物多様性白書」によれば，**気候関連財務情報開示タスクフォース（TCFD）**とは，「各国の中央銀行総裁及び財務大臣からなる金融安定理事会（FSB）の作業部会で，投資家等に適切な投資判断を促すための，気候関連財務情報開示を企業等へ促すことを目的とした民間主導のタスクフォース」のことをいいます。

　図表 12-10 で示すとおり，2017 年に公表された「最終報告書　気候関連財務情報開示タスクフォースの勧告」では，「ガバナンス」，「戦略」，「リスクマネジメント」，「測定基準（指標）とターゲット」の 4 項目を推奨される気候関

図表 12-10　推奨される気候関連の財務情報開示の中核要素

ガバナンス
気候関連のリスクと機会に関する組織のガバナンス

戦略
気候関連のリスクと機会が組織の事業，戦略，財務計画に及ぼす実際の影響と潜在的な影響

リスクマネジメント
気候関連リスクを特定し，評価し，マネジメントするために組織が使用するプロセス

測定基準(指標)とターゲット
関連する気候関連のリスクと機会の評価とマネジメントに使用される測定基準(指標)とターゲット

　（出典）TCFG［2017］*Final Report Recommendations of the Task Force on Climate-related Financial Disclosures*, p.v, Figure 2.（サステナビリティ日本フォーラム私訳［2018］「最終報告書　気候関連財務情報開示タスクフォースの勧告」v 頁。）

連の財務情報開示の中核要素として位置付けています。また，2021年に「気候関連財務情報開示に関するタスクフォース―測定基準，ターゲットおよび移行計画に関する指針」が公表されています。今後，各国企業でTCFDの開示指針に基づく報告が増加するものと見込まれます。

4. ESG―社会（S）と会計報告

　企業を取り巻く社会問題には多様な問題が含まれます。たとえば，職場において，パワーハラスメントなどの各種ハラスメントがしばしば顕在化することがあります。また，SDGsの目指す「誰一人取り残さない」社会の実現に向けて，企業は，人種，信条，性別，社会的身分又は門地，年齢，国籍，障がいの有無，性的指向・性自認，働き方等の違いを尊重していくことが求められています。さらに，グローバル・サプライチェーンにおける児童労働や強制労働といった人権侵害も大きな問題となっています。従業員の健康管理や男女間格差，企業の社会貢献なども重要な経営課題となってきています。

　これまでさまざまな開示指針等が公表されていますが，ESGの社会（S）については，いまのところ統一的な定義はみられません。ここで社会（S）の一例を示すために，住友商事の「ESGコミュニケーションブック2021」を参照してみましょう（図表12-11）。本報告書によれば，社会に含まれる項目として，「人権」，「労働安全衛生・健康経営」，「人材マネジメント」，「サプライチェーン」，「産業・技術革新」，「ヘルスケア」，「生活基盤・街づくり」，「社会貢献活動」があげられています。

　従業員に関しては，過労死や長時間労働の問題がマスコミ報道で度々取り上げられることがあります。こうした報道で名前が公表されるようなブラック企業はもちろん論外ですが，ワークライフバランスの問題や外国人労働者・外国人技能実習生の問題など，社会（S）に関する問題は山積しています。企業はこうした問題に適切に対応していかなければなりません。

　2021年改訂の「コーポレートガバナンス・コード」の原則2-3では，「上場

図表 12-11　住友商事におけるさまざまな社会課題と当社事業との関わり

	主要なリスク（競争基盤の強化）	主要な機会（収益機会の拡大）	SDGs	マテリアリティ
気候変動	GHG排出規制などによる石炭燃料の需要減少 など	再生可能エネルギー事業や環境配慮型事業の推進 など		
水資源	水不足地域で製造プロセスを抱える事業継続リスク など	世界各地の水問題解決に資する、上下水・造水事業の推進 など		
生物多様性	自然生態系の破壊による原材料不足などの操業への影響、悪影響顕在化によるレピュテーション毀損 など	生態系維持・保全による、事業の創出・発展、従業員のモチベーション向上 など		
汚染防止	環境問題発生に伴う、レピュテーション毀損、信用低下 など	地域環境との共生による、事業の発展、安定化 など		
資源利用	森林の公益的価値損失による事業継続リスク など	持続可能な森林資源の確保・活用、森林経営事業の拡大 など		
人権	人権問題発生に伴う人材流出、レピュテーション毀損、信用低下 など	地域住民との共生による、地域社会および事業の発展、安定化 など		
労働安全衛生・健康経営	不適切な危機管理による、労働生産性低下、人材流出、事業継続リスク など	健康面への配慮による、労働生産性向上・従業員のモチベーション向上 など		
人材マネジメント	適切な対応を行わない場合、並びに不適切な就業環境による、優秀な人材の流出、労働生産性低下、従業員のモチベーション低下、事業継続リスク など	適切な育成プログラム提供による、並びに働きがいのある就業環境の実現による人材確保、労働生産性向上、従業員のモチベーション向上、事業参入機会の取得 など		
サプライチェーン	サプライチェーン上の環境・人権・労働問題発生に伴う事業継続リスク、レピュテーション毀損 など	強靭なバリューチェーンの保有による、事業の発展、安定化 など		
産業・技術革新	ICT化、ボーダレス化、複合化の進展に伴う、既存ビジネスの劣後、人材流出 など	ICT化による、既存ビジネス高度化、新たなビジネスモデルの創出 など		
ヘルスケア	医療過誤などに関わるリスク など	より良い医療へのアクセス改善、医薬品の需要増加に対する取り組み強化 など		
生活基盤・街づくり	都市開発・インフラ整備の現地における、環境・人権・労働問題発生に伴う事業継続リスク など	新興国を中心とした都市開発、インフラ整備事業の推進 など		

（出典）住友商事［2021］「ESG コミュニケーションブック 2021」9 頁。

会社は，社会・環境問題をはじめとするサステナビリティを巡る課題について，適切な対応を行うべきである。」と定められています。その補充原則2-3①では，環境問題への配慮や自然災害等への危機管理などに加えて，人権の尊重，従業員の健康・労働環境への配慮や公正・適切な処遇，取引先との公正な取引などを例に挙げ，取締役会がサステナビリティ課題に積極的・能動的に取り組むよう検討することを求めています。また，同原則 2-4 は，女性の活躍促進を含む社内の多様性の確保に関する原則であり，その補充原則 2-4 ①では，「上場会社は，女性・外国人・中途採用者の管理職への登用等，中核人材の登用等における多様性の確保についての考え方と自主的かつ測定可能な目標を示すとともに，その状況を開示すべきである」と規定されています。

　図表 12-11 で示した住友商事の開示例を用いて，「人権」を例に主要なリスクと主要な機会を確認してみましょう。これによれば，人権に関する主要なリスクとして，「人権問題発生に伴う人材流出，レピュテーション毀損，信用低下など」が指摘されていることがわかります。一方，同様に，主要な機会として，「地域住民との共生による，地域社会および事業の発展，安定化など」が指摘されていることが確認できます。

　以上の議論から，自社の企業活動に関連する社会問題を見える化し，それに関連する主要なリスクや主要な機会を正しく把握し，実際の経営活動に反映させていくことが企業に求められているといえるでしょう。

5.　ESG―ガバナンス（G）と会計報告

　ガバナンスは，一般に企業統治と訳されますが，2021年改訂の「コーポレートガバナンス・コード」によれば，コーポレートガバナンスとは，「会社が，株主をはじめ顧客・従業員・地域社会等の立場を踏まえたうえで，透明・公正かつ迅速・果断な意思決定を行うための仕組み」のことをいいます。

　責任投資原則（PRI）の「責任投資原則」では，ガバナンス（G）の例として，「役員報酬」，「贈賄および腐敗」，「取締役会/理事会の多様性および構成」，「税務戦略」の4項目があげられています。

　これまで，企業の不祥事が定期的に起こっており，1995年大和銀行NY支店巨額損失事件，2001年雪印牛肉偽装事件，2000年・2004年三菱自動車工業リコール隠し事件，2005年カネボウ巨額粉飾決算事件，2019年かんぽ生命保険不正販売事件など，同種の事件は枚挙にいとまがありません。

　このような不祥事がいったん生じてしまうと，長年にわたって築き上げてきた企業のブランドや信頼，評判等を大きく失墜させてしまうことになります。加えて，株主にとっては株主価値を大きく毀損してしまったり，従業員にとっては倒産によって職を失ってしまったりなど，さまざまなステークホルダーにも深刻な影響が出てしまいます。そうしたことが，近年のガバナンス強化への動きへとつながっているといえるでしょう。

　一方，私学の理事会におけるガバナンス問題やスポーツ団体における不祥事事案の発生など，企業以外においてもガバナンスの問題が顕在化するようになってきています。ガバナンス（G）は，今や多くの人々がさまざまな関心をもつ領域であるといえ，企業が取り組むべき重要なESG課題の1つとなっているのです。

　2021 年改訂の「コーポレートガバナンス・コード」では，次のような 5 つの基本原則が示されています。すなわち，「株主の権利・平等性の確保」（第 1章），「株主以外のステークホルダーとの適切な協働」（第 2 章），「適切な情報開示と透明性の確保」（第 3 章），「取締役会等の責務」（第 4 章），「株主との対話」（第 5 章）です。

　ここでは，紙幅の制限から「株主の権利・平等性の確保」のみを取り上げて内容を確認してみることにしましょう。具体的には，「1.　上場会社は，株主の権利が実質的に確保されるよう適切な対応を行うとともに，株主がその権利を適切に行使することができる環境の整備を行うべきである。また，上場会社は，株主の実質的な平等性を確保すべきである。少数株主や外国人株主については，株主の権利の実質的な確保，権利行使に係る環境や実質的な平等性の確保に課題や懸念が生じやすい面があることから，十分に配慮を行うべきである。」と定められています。

　「東証上場会社コーポレート・ガバナンス白書 2021」によれば，「東証は従来から，株主の権利・平等性の確保による実効的なコーポレート・ガバナンスの実現に向け，株主がその権利を適切に行使することができる環境整備として，招集通知の早期発送，集中日の回避，電磁的方法による議決権行使，機関投資家向け議決権行使プラットフォームの利用，招集通知等の英訳版の作成等について，上場会社各社に要請してきた。」とされています。

　これに関して，先に取り上げた住友商事の「ESG コミュケーションブック2021」を用いて実際の開示例を確認してみましょう。まず，住友商事は，ガバナンスについては，「ガバナンス」，「コンプライアンス」，「社会・環境関連リスク管理」，「情報セキュリティ」，「ステークホルダーエンゲージメント」を開示しています。このうち，「株主の権利・平等性の確保」に関しては，図表12-12 で示すとおり，定時株主総会の約 3 週間前に招集通知を発送したり，インターネットによる議決権行使を可能にしたりすることで，株主・機関投資家が議案内容の検討時間を十分に確保できるような取り組みを行っていることなどがわかります。

図表 12-12　住友商事の株主総会に関連した取り組み

株主総会に関連した取り組み

当社は、定時株主総会の約3週間前に招集通知を発送するとともに、英訳版も作成し、招集通知の発送に先立って当社のWebサイトに掲載しています。さらに、インターネットによる議決権行使（株式会社ICJが運営する機関投資家向け議決権電子行使プラットフォームを含む。）を可能とすることで、株主・機関投資家が議案内容を検討する時間を十分に確保しています。また、株主総会の様子を株主向けにインターネット上で同時配信しているほか、当社Webサイトにて、株主総会終了後一定期間、株主総会の模様を動画配信しています。

🖥️ 定時株主総会　招集ご通知

（出典）住友商事［2021］「ESG コミュニケーションブック 2021」111 頁。

　以上でみてきたように，SDGs や ESG は，会計学の領域にとどまらない，経営学・経済学などより幅広い領域にまたがる学際的な対象領域です。そうした分野にも関心を持って学習を進めていくことで，企業がどのように ESG 課題を把握し，経営活動に反映しようとしているかをより深く理解することが可能となるでしょう。

《練習問題》

1　企業が公表している統合報告書等を各社の Web サイトで確認し，当該企業が直面する ESG 課題に対してどのような取り組みや報告が行われているかを調べ，レジュメやレポートにまとめてみよう。

2　最近話題になった企業の ESG 問題をいずれか 1 つを取り上げて，それに関する情報を新聞記事や雑誌記事などで調べ，その問題の概要や問題となった背景，その後どうなったか（倒産等）などについて，レジュメやレポートにまとめてみよう。

《ステップアップ》

伊藤邦雄［2021］『企業価値経営』日本経済新聞出版。

島永和幸［2021］『人的資本の会計―認識・測定・開示―』同文舘出版。

田瀬和夫・SDG パートナーズ［2020］『SDGs 思考―2030 年のその先へ 17 の目標を超えて目指す世界―』インプレス。

第13章

ボランティア活動にも儲けが必要なの
―NPOの会計―

本章のポイント

① 企業や政府では対応できない社会的課題を解決するためにNPOが存在しています。

② NPO法人では，利益や残余財産を構成員に分配できません。

③ NPO法人にはアカウンタビリティが求められます。

④ NPO法人では，企業の財務諸表にあたる計算書の集まりを計算書類といいます。

⑤ NPO法人の計算書類は，活動計算書，貸借対照表および注記で構成されます。

⑥ 活動計算書とは，企業の損益計算書にあたる計算書のことです。

⑦ NPO法人の貸借対照表では，企業の貸借対照表の純資産にあたる部分を正味財産といいます。

⑧ ミッション達成のために，利益を生み出し，NPO法人の持続可能性を示すことも大切になります。

　社会環境が急激に変わっていくなか，環境保全活動や地域活性化など企業にとってあまりもうけが期待できないと思われている分野で活動するNPO法人に対する関心が高まっています。この章では市民活動を支える存在として注目されているNPO法人の会計を学ぶことで，会社以外の組織における会計の役割について考えてみましょう。

1. NPO の会計

 NPO とは

　グローバル経済における競争が激しさを増すなか，少子高齢化，経済格差化，環境破壊，教育問題など私たちの周りには社会全体で取り組んでいかなければならない課題がたくさんあります。これらについて社会にいるさまざまな立場の人たちや組織が，一致団結して取り組まなければなりませんが，企業は収益性の低い事業，すなわち利益が期待できないテーマに取り組むことは難しく，国や自治体などの行政機関も厳しい財政状態から社会的な課題についてきめ細かな対応ができないでいます。

　このようななか，社会的課題解決に向けて社会を変えていこうと活動する人たちが増えてきています。災害時に全国から被災地に集まってさまざまな活動に従事するボランティアなどがそのいい例です。しかし，個人のボランティア精神に頼った活動には，活動の規模や継続期間などに限界があります。そこで個人個人がバラバラに活動するのではなく，実現したい社会像をミッションとして共有，組織として社会貢献活動を展開するしくみが考えられるようになりました。その1つがNPO です。

　NPO とは Non Profit Organization の略で日本語に訳すると「非営利組織」といわれます。ここでの「非営利」とは，「営利を追求しない」「利益を上げて事業を行わない」というわけではなく，「毎年の利益や残余財産を構成員に分配しない」との捉え方がなされています。非営利組織には学校，病院，神社などの宗教団体，社団法人，財団法人などがあります。全部の組織について学習することはできませんので，この章では，小規模な組織体である「特定非営利活動法人」（以下，NPO 法人）について学びましょう。

　特定非営利活動法人とは，特定非営利活動促進法（NPO 法）に基づいて法人格を取得した法人のことをいいます。法人格をもつことでボランティア団体

などでは難しかった，法人名義で不動産や備品を所有することなどができるようになりました。このことによりボランティア団体の課題であった活動の継続性を克服しやすくなりました。

　NPO 法人は，所轄庁の「許可」ではなく，設立要件に適合していれば「認証」されます。設立が容易な分，法律の中で情報公開に関する義務を定め，市民からの監視を受けることを前提とした仕組みとなっています。NPO 法人は，福祉，教育・文化，まちづくり，環境，国際協力などの分野で，社会の多様化したニーズに応える重要な役割を果たすことが期待されています。内閣府の NPO ポータルサイトによれば，令和 3 年 8 月 31 日現在，全国で約 51,000 の認証 NPO 法人が存在しています。

　これまで，NPO 法人と会計実務に関して，会計専門家との関係が希薄であると言われてきました。これは，NPO 法人としてのミッション達成を最重要視し，さほど会計に関心をもたれていないケースがあったからです。また，法人の規模が小さく，資金力に乏しいため，会計専門家の助力を得ることが困難であることも考えられます。そのため，今後は会計分野に明るいプロボノ（専門家が知識や経験を生かして社会貢献するボランティアのこと）の参加が期待されています。

 ## NPO とアカウンタビリティ

　人々の善意に基づく NPO 法人であっても日々の運営にはコストがかかります。提供するサービスから対価を受け取ることもできますが，組織の性格から市場価格より低く抑えた価格で提供されることが多く，そこから活動資金を捻出することは困難です。そのため，NPO 法人の活動資金は，寄付や，政府・自治体からの助成金などでまかなわれているのが現状です。そのため NPO 法人は，自分たちの活動にコストがいくらかかっているか正確に報告することで，社会的理解を得るように努めています。

　寄付収入に多くを依存している NPO 法人は，資金提供者に対して「資金を何のために，どのように使い，その結果どのような成果をあげたか」を報告す

る義務があります。NPO法人にとって会計は，提供された資金の適切な管理および財務報告のための手段として必要不可欠なのです。出資者や債権者，資金提供者に対して，資金の使い方を説明する「説明責任」のことを「**アカウンタビリティ**」といいます。

　正しい会計情報によりアカウンタビリティを果たしていくことは，自分たちのNPO法人が組織面，事業面で適切な活動をしている証明になります。正しい会計情報を提供し続けることで自身の信頼性を高め，寄付やボランティア賛同者を増やし，ひいては活動の活性化や財務状態の健全化を促していくことができるのです。このため，NPO法人のアカウンタビリティの対象は，不特定多数の市民であると言えるでしょう。NPO法人を運営していくうえで，一番の課題は，活動資金の確保です。NPO法人の資金調達は，企業と違った難しさがあります。

NPO法人の会計の特徴

　企業とNPO法人の大きな違いの1つに「資金源の多様性」があります。企業と同様に「物の販売やサービスの提供」の対価として支払われる事業収益もありますが，NPO法人の活動の特性上，事業収益以外にも補助金や寄付などさまざまな種類の収益があり，その内容と意図から，一括で「収益」として計上するのではなく，内容ごとに区分して表示することが求められます。

　実施している事業が増えてくると，事業ごとに区分して表示する必要性も出てきます。他のプロジェクトの会計と一緒にまとめて処理してしまうと，寄付者の意図にきちんと応じたお金の使い方をしているか説明できません。このように，資金源や事業によってお金の使い方を明確に区分しておかないとNPO法人としてのアカウンタビリティを遂行することができなくなりますので，事業ごとの区分表示は，信頼性の確保の観点からとても大切なことです。

　NPO法人も活動の継続性からある程度の利益をあげていくことが求められる点は企業と同じです。ただしNPO法人は活動を通じて得た利益は，構成員に分配することはできず，ミッション達成のために，組織の活動費・運営費に

利用しなければなりません。たとえばNPO法人で働いている人たちへの給与の支払いなどに収益の大部分が使われるような状態は好ましくありません。そのような状態のNPO法人は寄付を集めることは難しくなるでしょう。収益を一定割合以上，NPO法人の目的，社会をよくしたいというミッション実現のための活動に振り向けていることを明らかにすることが求められているのです。

2.　計算書類および財産目録

 計算書類

　NPO法人は，NPO法第28条および29条により，「計算書類及び財産目録」を作成し，主たる事務所およびその他の事務所に備え置くとともに，所轄庁に提出することを義務づけられています。**計算書類**とはNPO法人における財務諸表のことで，NPO法によると「活動計算書」，「貸借対照表」および「注記」のことをいいます（図表13-1）。最近は，自主的に自分たちのウェブサイトを通じて計算書類を公表するNPO法人も増えてきました。これは活動に対する理解および資金提供者に対する情報公開を通じて，アカウンタビリティを果たすとともにより多くの活動資金を得るという目的があります。

図表 13-1　NPO の計算書類等

```
                              ┌─ 活動計算書
              ┌─ 計算書類 ───┼─ 貸借対照表
計算書類等 ───┤              └─ 注  記
              └─ 財産目録
```

> **コラム** 非営利法人会計基準の多様性とNPO法人会計基準

　NPO法人以外にも営利を目的としない組織は，複数存在します。学校法人，医療法人，社会福祉法人などでは，法人の形態ごとに主務官庁等が定めた種々の会計基準が存在し，同じ取引でも異なる会計処理が行われています。そのため，同じ非営利組織であっても計算書類から業績を比較することが困難です。

　なおNPO法人については，所轄官庁が定めた統一的な会計基準は存在していません。これではNPO法人間の活動比較ができず，また新しくNPO法人を設立する人は，どのように計算書類をつくったらよいのか迷ってしまいます。そこでつくられたのが「**NPO法人会計基準**」(2010年公表)です。NPOの関係者や会計実務家などの民間主導で作成されました。NPO法人会計基準の特徴として，寄付金や助成金の取り扱い，ボランティアの受け入れなど，「NPO法人に特有の取引等」を列挙していることが挙げられます。本章ではこの基準に従って計算書類等を紹介しています（なお，NPO法人会計基準では，計算書類等のことを「財務諸表等」とよんでいます）。

　NPO法人会計基準では，とくに小規模法人に対する配慮がなされています。これは，NPO法人の大多数は小規模な組織形態をとっており，経理業務の負担を考慮したからです。原則は，複式簿記や，発生主義を前提した会計ですが，小規模法人では会計を担当する専門スタッフの雇用は困難なケースが考えられます。そのため，負担軽減のため，小規模な法人向けには，簡素な計算書類のひな型を提示しています。

 活動計算書

　活動計算書は，NPO法人の正味財産の増減と活動の状況を表します。企業会計における損益計算書に相当するもので，「収益」から「費用」を差し引い

て「当期正味財産増減額」を求めます。「当期正味財産増減額」は，企業でいう「当期純損益」に相当します。

　活動計算書の「収益の部」には，その NPO 法人がどのような形で資金を調達しているかが記載されています。収益の部は「受取会費」，「受取寄付金」，「受取助成金等」，「事業収益」および「その他の収益」の5つに分かれます。

　ここで注意しなければならないのは，使い方が指定されている寄付金の取り扱いです。NPO 法人にとって，使途が制約されていない寄付金と，使途が制約されている寄付金の区別は，とても重要です。同じ 1,000 万円の寄付金であっても，その 1,000 万円が，NPO 法人の意思決定だけで自由に使えるお金であるか，それとも「特定の目的（たとえば市街の美化活動）に使ってください」と使い方が指定されているお金とは，意味合いがまったく異なります。NPO 法人の会計ではこの「使途が制約されている寄付等」について，会計上どう表現するかが大きなテーマとなっています。

　使途が制約されている寄付等についても，原則として使途が制約されていない寄付等と同様に，活動計算書の収益の部に「受取寄付金」として計上します。しかし，それだけだと，そのお金が使途どおりに使われたかどうか，また使途どおりに使われていないお金がどれくらいあるのかがわからないため，「注記」において，使途が制約されている寄付等について内訳を記入することとしています。

　活動計算書の「費用の部」は，NPO 法人が活動を行うのにどのようなコストをどれくらいかけているのかを表します。活動計算書に計上している金額は，「その会計年度にどのようなお金が支出されているのか」に応じて計上されているのではなく（このような考え方を現金主義といいます），「その会計年度にどのような活動を行っているのか」に応じて計上されます（このような考え方を**発生主義**といいます）。たとえば，3月に行ったイベントにかかる経費は，お金の支払が4月になったとしても，3月に計上されます。

　費用の部は，「事業費」と「管理費」に区分して報告することが求められます。「**事業費**」とは，NPO 法人が目的とする事業を行うために直接要する人件費やその他の経費をいいます。具体的には，事業目的遂行のためのイベントに関連

した人件費，チラシやポスターの印刷費，講演講師への謝金，会場の賃借料など，明らかに事業に関連する経費として特定できる金額などが事業費に当たります。

「**管理費**」とは，NPO法人の各種の事業を管理するための費用で，総会および理事会の開催運営費，会報の発行やホームページの更新にかかる費用，経理や労務・人事にかかる費用，支援者や所轄庁等への報告にかかる費用などがあります。

事業費および管理費は，それぞれ，さらに「人件費」と「その他経費」に分けたうえで取引の形態別に勘定科目に「給料手当」，「旅費交通費」のように表示されます。しかし，それだけでは，複数の事業を行っている場合，どの事業にどのくらいのお金が使われたのかがわからないため，「注記」に「事業費の内訳」または「事業別損益の状況」を記載することが求められます。

活動計算書を作成していると「事業費」なのか「管理費」なのかに迷うケースが出てきます。両方に関連すると思われる費用のケースです。とくに事務所も借りず，人を雇用することもなく，ボランティアが集まって単発の事業を実施しているようなNPO法人は，ほとんどの費用が事業費です。しかし，事務所を借りて，人を雇用し固定的な費用が毎月発生するようになると「組織」としての管理費用が発生します。この場合，事業費か管理費か，明確に区別しにくい費用の存在に悩むことになります。たとえば，事務所家賃，水道光熱費，通信費，コピー機のリース料などが考えられます。また小規模なNPO法人の場合，1人のスタッフが事業の準備や実施をしながら，総務・労務・会計なども兼務するというようにいくつもの業務を行うことになるでしょう。そのため，事業にも管理にも「共通する経費」を，的確な基準で配分して事業費と管理費とに区分した計算書類を作成することが求められます。

また，NPO法人の内部管理という面においても事業費と管理費を区分する必要もあるでしょう。助成金や委託事業の申請を行うときや各事業を独自で継続していくときに，その事業にいくらコストがかかっているのか認識しておかなければ，必要となる活動の規模等を決められないからです。

このように，外部報告のためにも，内部管理のためにも，事業に直接かかる

費用のみではなく共通費用をも計算に入れた事業ごとの費用を明確にすること
は重要な意味をもちます。したがって，可能な範囲で共通費用について按分計
算（共通する費用を，ある一定の基準に従ってそれぞれの事業に分けること）
をして，費用を事業ごとに割り振る作業をする必要があります。

コラム　ボランティアの計算書類上の取り扱い

　NPO法人にとってボランティアの存在は非常に重要です。NPO法人の
ミッション達成のためには，必要不可欠な存在だからです。そこで，
NPO法人会計基準では，NPO法人におけるボランティアの活動量を計算
書類に反映させる工夫を試みています。

　ボランティアによる無償または著しく低い価格による役務提供を受けた
場合において，「活動の原価の算定に必要なボランティアによる役務の提
供」にのみ限定して，注記に記載または活動計算書に計上することができ
るようにしています。注記に記載または活動計算書に計上することを選択
した場合は，重要な会計方針として記載するとともに，その金額，換算し
た金額，内訳（日数，時間数等の数量や換算に使用した単価等），算定方
法を記載する必要があります。

　なお，活動計算書に計上する場合は，当期正味財産増減額に影響しない
ようにするため，費用としてボランティア評価費用を計上するとともに，
収益としてボランティア受入評価益を計上します。つまり，

　（借）ボランティア評価費用 ×××　（貸）ボランティア受入評価益 ×××
という具合に，費用と収益が借方と貸方の両方に同時計上される仕訳にな
ります。これは，NPO法人における活動実態を考慮した会計処理であり，
企業会計や他の非営利組織の会計と比べて，ユニークな取り扱いとなって
います。

活動計算書の表示例を，下記に示します。

活動計算書

20X3 年 4 月 1 日から 20X4 年 3 月 31 日まで

単位：円

科　　目	金　額		
I　経常収益			
1．受取会費		200,000	
2．受取寄付金		200,000	
3．受取助成金等		100,000	
4．事業収益			
A 事業収益	250,000		
B 事業収益	200,000	450,000	
5．その他収益		50,000	
経常収益計			1,000,000
II　経常費用			
1．事業費			
（1）人件費			
給料手当	120,000		
人件費計	120,000		
（2）その他経費			
売上原価	350,000		
減価償却費	150,000		
その他経費計	500,000		
事業費計		620,000	
2．管理費			
（1）人件費			
役員報酬	60,000		
給料手当	120,000		
人件費計	180,000		
（2）その他経費			
消耗品費	50,000		
減価償却費	100,000		
その他経費計	150,000		
管理費計		330,000	
経常費用計			950,000
当期正味財産増減額			50,000
前期繰越正味財産額			1,500,000
次期繰越正味財産額			1,550,000

貸借対照表

貸借対照表とは会計期間の末日（事業年度末）現在の「資産」,「負債」および「正味財産」の状況を，科目ごとに集計し表示したもので，法人の事業年度末に対する「財政状態」を表示することを目的としています。基本的には企業会計における貸借対照表と同じです。しかし，NPO 法人においては，出資や，会員の所有財産や利益分配という概念はありません。そのため，純資産に当たる区分が NPO 法人の会計では「正味財産」となります。

貸借対照表

20X4 年 3 月 31 日現在

単位：円

科　　目	金　　額		
Ⅰ　資産の部			
1.　流動資産			
現金預金	1,400,000		
棚卸資産	50,000		
流動資産合計		1,450,000	
2.　固定資産			
有形固定資産（車両運搬具）	800,000		
固定資産合計		800,000	
資産合計			2,250,000
Ⅱ　負債の部			
1.　流動負債			
未払金	200,000		
流動負債合計		200,000	
2.　固定負債			
役員借入金	500,000		
固定負債合計		500,000	
負債合計			700,000
Ⅲ　正味財産の部			
前期繰越正味財産		1,500,000	
当期正味財産増減額		50,000	
正味財産合計			1,550,000
負債及び正味財産合計			2,250,000

　また，貸借対照表に計上されている正味財産のうち，いくらが使い方の制約されている寄付等で構成されているのかも記載することとしています。正味財産のなかには使途等が制約されている財産が含まれていることもあり，その場合は，注記にその旨を記載する必要があります。さらに，重要性が高い場合には，正味財産の部を「指定正味財産」と「一般正味財産」に区分することが求められています。

　貸借対照表は，NPO法により公告しなければならない書類として定められています（第28条の2）。多くのNPO法人が「内閣府ポータルサイト」を公告の方法として選択しています。広く一般市民を対象に情報公開を行っている実例と言えるでしょう。

　なお，計算書類（活動計算書と貸借対照表）までが作成される流れは，図表13-2のとおりです。

図表 13-2　計算書類作成までの流れ

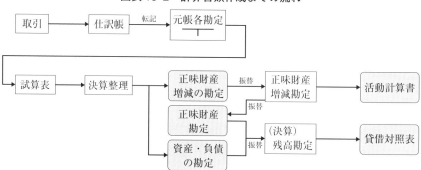

（出典）斎藤力夫・田中義幸［2020］『NPO法人のすべて（増補11版）特定非営利活動法人の設立・運営・会計・税務』税務経理協会，249頁をもとに作成。

 注記

　NPO法人の活動の状況や，財政状態を判断するために必要と考えられる情報が「注記」です。作成が求められている計算書類，つまり活動計算書と貸借対照表を補足する情報を示しています。NPO法人会計基準では「注記」を重要なものとして捉えて会計報告に組み込んでいます（計算書類の後ろに配置します）。

　適用した会計基準や，固定資産の減価償却の方法などの「重要な会計方針」，複数の事業を実施するときの「事業別損益の状況」，使い方が指定されている寄付金を受け入れた場合の「使途等が制約された寄附金等の内訳」など，該当する場合には注記として示すことが必要です。

 ## 財産目録

　計算書類ではありませんが，所轄庁に提出する計算書として「財産目録」があります。**財産目録**は，会計期間の末日（事業年度末）現在におけるすべての

財産目録

20X4 年 3 月 31 日現在

単位：円

科　　　目	金　　　額		
I　資産の部			
1．流動資産			
現金預金			
手許現金	200,000		
○○銀行△△支店	1,200,000		
棚卸資産	50,000		
流動資産合計		1,450,000	
2．固定資産			
有形固定資産			
車両運搬具	800,000		
備品（歴史的資料）	評価せず		
有形固定資産合計	800,000		
固定資産合計		800,000	
資産合計			2,250,000
II　負債の部			
1．流動負債			
未払金	200,000		
流動負債合計		200,000	
2．固定負債			
役員借入金			
理事 5 名より	500,000		
固定負債合計		500,000	
負債合計			700,000
正味財産			1,550,000

資産および負債につき，その名称，数量，価額等を詳細に表示したものであり，貸借対照表の補足資料として機能します。

　金額は，貸借対照表記載の価額と一致するべきですが，法人の財産のなかには，金銭評価はできないけれども法人の活動にとって非常に重要な財産といえるものがあります（たとえば高価な歴史的資料の贈与を受けたようなケースが考えられます）。このような場合には，金額欄には「評価せず」と記載することで財産を表現することができます。

3. NPO法人に求められる持続可能性と会計報告

 ### NPO法人の関係者

　これまで，主に寄付者などの資金提供者との関係からNPO法人における会計を考えてみました。活動を支えてくれる寄付者や，助成金などを通じて支援してくれている自治体などは，NPO法人にとって大切な存在です。NPO法人の会計はこれら支援してくれる人たち（組織）にとって役に立つものでなければなりません。NPO法人の運営に携わる人たちにとっても，会計は有用なツールである必要があります。

　その他にも，企業と同じように銀行（債権者）などとも取引をすることもあります。またNPO法人からサービスを受ける人たち，たとえば地域住民などもNPO法人の活動に関心をもつでしょう。会計はこれらの人たちに対して有用な情報を提供するものでなければなりません。広く市民にとってわかりやすい会計報告であることが求められています。

 ### NPOにも利益は大切

　企業にとって会計の目的は，「利益の計算」といえます。企業は，出資者で

ある株主のために活動し，配当等を通じて利益配分をする責任があります。一方，NPO 法人は非営利組織であり，寄付者などに利益の配分をすることは想定されていません。しかし，そのことは利益を出してはいけないという意味ではありません。過剰な利益の獲得は，組織のミッションから逸脱しますが，継続した活動のために必要な経費を自分たちでまかなっていくことの重要性は企業と変わりません。適正な利益を生み出し，持続可能性（少し難しい言葉で表現すると財務的生存力）を示すことが，NPO 法人にも求められています。

NPO 法人は小規模な団体が多く，財務基盤は必ずしも安定しているとはいえません。寄付者などの期待に応えるためには，健全な財務に裏づけされた活動を行うことが求められていることを NPO 法人の関係者は認識し，日々の会計記録を企業の経理同様に適切に行うことが求められます。

《練習問題》

内閣府の NPO ポータルサイトから，NPO 法人の計算書類を入手して，比較してみよう。また，企業会計との違いに着目してみよう。

《ステップアップ》

斎藤力夫・田中義幸編著［2020］『NPO 法人のすべて（増補 11 版）特定非営利活動法人の設立・運営・会計・税務』税務計理協会。

認定特定非営利活動法人 NPO 会計税務専門家ネットワーク編著［2018］『新版 NPO 法人実務ハンドブック』清文社。

第14章

自治体の会計はどうなっているの
―公会計―

本章のポイント

① 「企業」以外の組織であっても，その活動を貨幣額により記録・集計・編集し，何らかの報告書を作成する「会計」を行っています。

② 「自治体」に関する会計をとくに「公会計」とよんでいます。

③ 組織の目的，お金の集め方，組織の寿命，活動に対するニーズといったものが「公会計」と「企業会計」の違いを生み出しています。

④ 「公会計」では，貸借対照表，行政コスト計算書，純資産変動計算書，資金収支計算書という「財務4表」を作成・公表する実務が普及しています。

　皆さんのまわりにある「組織」には「企業」以外にも，たくさんの種類があります。たとえば皆さんが通っている大学もその1つでしょうし，皆さんが住んでいる街の政府（役所といってもいいです）もその1つです。これらの組織もその活動を，お金を単位として（貨幣額で）記録・集計・編集し，何らかの報告書を作成する「会計」を行っています。本章では，生活に欠かせない存在である「政府（自治体）」の会計について，ざっくりと学んでいきます。

1. 「公会計」は「企業会計」と何が同じで何が違うのか

　ひとまず，**公会計**を「政府組織（自治体）に関する会計」と定義します。それでは，この「公会計」は「企業会計」と何が同じで，何が異なるのでしょうか。いくつかの観点から考えてみましょう。

　まず，①組織の目的から考えてみます。「企業」の目的とは何でしょうか。何を売っているか，どんなサービスを提供しているかといった「事業内容」は，「企業」ごとに異なりますが，すべての「企業」はお金を稼ぐことを目的としている側面があります。これを**営利性**といいます。国内外から商品を安く買ってきて，それをより高くお客さんに売るといった事業活動は皆さんにもわかりやすいですね。

　それでは「自治体」は何か商品を売っているのでしょうか。最近は，町おこしの一環として，いわゆる「ゆるキャラ」がブームとなって，そのブームを強力にバックアップしている「自治体」もたくさんあります。しかし「自治体」は，キャラクター自体（もしくはグッズ）を売って儲けようとしているわけではありません。ゆるキャラで町を PR して，より多くの人に観光旅行にきてもらうとか，特産品を買ってもらおうとしています。つまりは，その町に住む市民がより豊かになるようにするための活動を行っているといえるでしょう。このことからもわかるように，「自治体」の目的は，公共サービスを提供することによって，そこに住む住民の福祉を向上・維持することにあります。

　「企業」のように，「営利」を追求している組織であれば，その活動がうまくいったかどうかは，儲けが出たかどうか，つまり「利益」を計算すればわかります。一方，そもそも，儲けようとしていない（「非営利性」をもつといってもいいかもしれません）「自治体」では，その活動がうまくいったかどうかは，「その町の住民が生活に満足しているか」といった計算することのできない形でしか表れてきません（たとえば，満足度に関するアンケート調査は行えますが…）。

　それでも，「自治体」は，効率的で，経済的かつ持続可能な方法で，住民に対して有効に公共サービスを提供し続けなければなりません。もし，サービス

を提供することで，儲けが出るようになれば，その活動は「企業」に任せてしまうほうがよいこともたくさんあります（たとえば，現代では，ガスや電気は「企業」によって供給されています）。ただし，「企業」がやりたがらないような，儲けのでない活動や，すべての人が公平に受け取ることができなければならないサービスの提供（警察や消防など）といったものは，「自治体」などの組織でないと行えません。組織の目的，そして目的を達成するための活動といったものが，「企業」と「自治体」では異なっています。

　さて，「自治体」がさまざまな公共サービスを提供していることはいうまでもないことですが，それらのサービスを提供するためにも，やはりお金が必要になります。この，②お金の出所・集め方が，2つめのポイントです。「企業」は，その所有者からお金を集めること，たとえば，株式会社であれば，「株主」から出資してもらうことで，事業活動に必要なお金を得ています。集めたお金は，株式会社の運営を任された「経営者」が事業活動を指揮して，商品やサービスを販売することで，増えていくことになります。しかし，「自治体」に所有者は存在するでしょうか。

　「自治体」には，株式会社にとっての株主のような所有者はいません。住民は，国や住んでいる地域に税金を納めるとともに，「自治体」のトップである「首長」や「自治体」にとっての意思決定機関である議会に出席する「議員」（本来，住民たちの意見を代表で主張する人たち）を「選挙」で選びます。選挙で選ばれた議員たちが，「自治体」の基本的な運営方針などを議会で決定し，首長はその決定をもとにさまざまな政策を実行していくことになります。住民から集められた税金は，その活動のために使われることになります。

　住民は，その地域に住んでいれば否が応でも税金を納めなければなりません（この税金を「住民税」といいます）。ただし，税金を多く納めたからといって，それに応じたたくさんの公共サービスを受け取れるわけでもありません。つまり，商品の代金のように公共サービスの対価として税金を払っているというわけではないのです。このように，活動のために必要なお金の集め方も「企業」と「自治体」では異なっています。

　また，③組織の寿命という観点も考えてみましょう。「企業」は，経営者が

交代していくことで，1人の人間が生きるよりも長く，社会に存在し続けます。しかし「自治体」はそれ以上に，長寿です。さらに，「自治体」は基本的に，組織を解体してしまう「解散」やすべての財産を売り払ってしまう「清算」といったことは行われません。（数年前には，「自治体」の活動のためのお金が足りなくなり，国からの援助を受ける「財政再生団体」となった「自治体」はありましたが…。）「自治体」は，住民から税金を強制的に集める「課税権」をもっているため，そこに住む人がいる限り，継続的にお金を集めることができる一方，住んでいる人に対しては，継続的に公共サービスを提供し続けなければならないので，おのずと長寿になります。ただ，生きているからといって，いままでと同じ量・質の公共サービスが提供できるのかどうか（すべきかどうか）といった点は別の問題となるでしょう。

　さらに，組織として長寿であることは，その組織に関わる人（これを「利害関係者」といいます）の数やその人たちのニーズを増大させることにもつながります。「企業」はよりよい商品や製品，サービスをより低価格で提供するという消費者のニーズに応えてさえいれば，消費者との関係は良好ですし，その活動からしっかりと利益が出ていれば，出資してくれた人に対して利益を分配することができるので，出資者からも不満が出ることは少なくなるでしょう。

　しかし，すでに述べたように，公共サービスを提供する「自治体」に対しては，さまざまなニーズが寄せられ，そのニーズに何らかの方法で優先順位をつけて，限られたお金でやり繰りしていくことが求められます。ちなみに，「自治体」がどのような活動を行っていくのかは，それらの活動にかかるお金を予め計算しておき，それに基づいて，議会で優先順位を決めることになります。その決められた活動のためのお金の使い方（をまとめたもの）を「**予算**」とよんでいます。そのため，「自治体」の予算がどうなっているのかをみれば，その「自治体」がこれからどのような政策を行って，住民の福祉の向上を図っていこうとするのかがわかります。

　さて，これまでにみてきた3つの違いをまとめてみると，図表14-1のとおりです。これらの違いが，それぞれの組織の活動を，お金を単位として（貨幣額により）記録・集計・編集し，何らかの報告書を作成する「会計」にも影響

図表 14-1　企業と自治体の違い

	企　　業	自　治　体
組織の目的	社会に商品・サービスを提供してお金を儲ける（増やす）こと	公共サービスを提供して，住民の福利を維持・向上させること
お金の集め方	所有者からの出資や商品・サービスの対価の受け取り	法律によって強制される税金の納付（および国からの補助金）
組織の寿命	業績不振・経済環境によっては解散・倒産することもある	住民がいる限りは，組織としてなくなることはない

　を及ぼすことになります。「自治体」の会計に限って考えると，組織の目的が
お金を儲けることではないため，会計において「利益の計算」を行おうとする
動機がないといえます。また，住民から集めた「税金」は，出資や商品・サー
ビス提供の対価ではありませんので，これをどのようなものと捉えて記録すれ
ばよいのかといった問題が出てきます。さらに，「企業」よりもはるかに長寿
である「自治体」において，多種多様な住民のニーズに応じた公共サービスを
提供して，住民の福祉の維持・向上が図られているのかどうかを，会計として
計算・報告するべきなのかといった問題も考えなくてはなりません。

2.　公会計の会計報告書をみると，どんなことがわかるのか

　自治体において，どんな「会計」が行われているのかを知る手段として，実
際に自治体が作成している会計報告書をみていくことにします。会計報告書の
作成方法といった難しいことはひとまずおいておき，どんな情報が公表されて
いるのかを中心にみていきます。

> ＊なお，自治体の会計報告書の作成方法について，2015年1月に国により「統
> 　一的な基準」が示され，2017年度までに，この基準に従って作成するように
> 　全国の各自治体に要請がなされました。

　現在作成されている会計報告書は，**財務書類**とよばれ，①「**貸借対照表**」，

②「**行政コスト計算書**」，③「**純資産変動計算書**」，④「**資金収支計算書**」という４つの報告書から構成されています。これらは「**財務４表**」（②と③が一体となっている場合は財務３表）とよばれることもあります。これらは，法律によって公表が義務づけられているものではありませんが，自治体が公表する会計報告書としてポピュラーなものになりつつあります。それぞれについて簡単に説明したあと，実物をみていきましょう。

まず，「貸借対照表」は，会計年度末（多くの自治体は３月31日）に，自治体が「どんな財産（資産）を保有しているのか」（「資産」の保有状況）ということと，「その財産は誰から集めたお金で購入されたのか（どのような財源でまかなわれているか）」（財源調達（「負債」と「純資産」）の状況）ということを対照表示したものです。貸借対照表によって明らかにされる情報を，自治体の「**財政状態**」とよんでいます。この表は，「企業会計」で利用されている「貸借対照表」とほぼ同じ意味で使われています（第４章を参照）。貸借対照表は，「資産」，「負債」，「純資産」という３つの区分で，財政状態を表しています。

次に，「行政コスト計算書」は，１会計期間（たとえば４月１日から３月31日）において，資産の形成に結びつかない経常的な行政活動（福祉サービスやごみ収集，消防活動など）にかかる費用（経常的な費用）と，その行政活動と直接関係のある使用料・手数料などの収益（経常的な収益）を対比させたものです。「利益の計算」を行わない自治体において，行政活動にどれだけのお金が使われたのかという「行政コスト」を表す計算書といえます。これは，これまでの言葉を使えば，「公共サービスの提供コスト」を計算しているといいかえることもできます。

さらに，「純資産変動計算書」は，貸借対照表の「純資産の部」に計上されている各項目が，１会計期間でどのように変動したのかを表す計算書です。純資産の増加要因と純資産の減少要因が計上されることで，１年間の純資産総額の変動を明らかにします。企業会計でいえば，「株主資本等変動計算書」にあたります。

最後の「資金収支計算書」は，１会計期間における，自治体の行政活動に伴う現金等の「お金の流れ」を活動ごとに分けて表示した計算書です。ちなみに，

自治体の現金収支（お金の受け払い）については，現在の法律によって公表が義務付けられている「**歳入歳出決算書**」においても明らかにされていますが，お金の流れを活動ごとに分けて，何のために使われたお金なのかを明らかにすることに「資金収支計算書」の特徴があります。この計算書は，企業会計でいえば「キャッシュ・フロー計算書」にあたります。

　これらの財務4表は，計上される数値によって相互につながっています。そのつながりを簡単に図示すれば，図表14-2のとおりです。

　それでは，具体的な自治体の会計報告書をみていくことにしましょう。本章で取り上げるのは，観光地として有名な京都市です。京都市は，人口140万人（2021年1月の住民基本台帳に基づく人口：1,400,720人）の政令指定都市です。京都市は2014年度決算分から「統一的な基準」で財務書類を作成しています。「**統一的な基準**」とは，企業会計と同様に，複式簿記を利用して，期中の取引を会計帳簿に記帳して，そこから誘導的に財務4表を作成しようとする方法です。これまで主流となっていた「**総務省方式改訂モデル**」（以下，「改訂モデル」と略します）に比べると，複雑なものとなっていますが，今後すべての自治体がこの方法で作成することになるため，作成された財務書類によって類似団体との団体間比較が容易に行えるようになることが期待されています。

図表14-2　財務4表のつながり

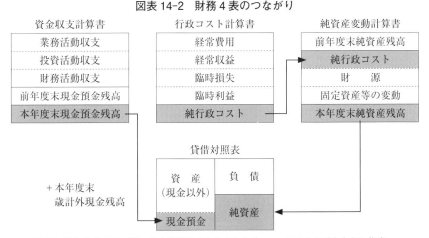

（出典）総務省［2019］『統一的な基準による地方公会計マニュアル』5頁をもとに作成。

　まず，図表 14-3 の**貸借対照表**をみてみると，左側（借方）の資産は「固定資産」と「流動資産」の２つに区分されます。固定資産は，さらに「有形固定資産」，「無形固定資産」，「投資その他の資産」に，流動資産は，「現金預金」，「未収金」，「短期貸付金」，「基金」，「棚卸資産」，「その他」，「徴収不能引当金」に細分されています。一方，右側（貸方）の負債は，「固定負債」と「流動負債」の２つに区分されます。資産と負債の差額である純資産は，「固定資産等形成分」と「余剰分（もしくは不足分）」に区分されます。なお，資産・負債の流動・固定分類は**１年基準**により行われます。

　自治体では，行政活動を行うにあたって長期的に利用される「固定資産」を一番上に計上し，それらが長期的な財源である「固定負債」でどの程度まかなわれているかを示す「**固定性配列法**」を採用しています。

　有形固定資産は，「事業用資産」，「インフラ資産」（道路ネットワークや水道，下水処理システムなどが該当します），「物品」に細分されています。「改訂モデル」では，建物や土地といったその形態ごとではなく，何のために利用されているかという「行政目的別」に分類されていましたが，「統一的な基準」では，形態別に分類されています。ただし，自治体にとってどのような機能を果たすのかに応じて，「事業用資産」なのか「インフラ資産」なのかが区別されることになります。なお，有形固定資産については，行政目的別に分類した「附属明細書」の作成が要請されています。

　京都市では，資産合計のうち，有形固定資産が約 80％ を占めており，事業用資産が約 46％，インフラ資産が約 34％ の内訳となっています。償却性の有形固定資産については，減価償却累計額が併記されているため，資産があとどれくらいの期間にわたって利用できるのかも明らかにされているといえます。2018 年度決算分との経年比較でみてみると，駐車場特別会計が所管していた資産の一部（1,155 億円）が一般会計等へ移管されたこと等により，事業用資産が 1,175 億円増加しています。一方，インフラ資産は，減価償却による減少が新規の資産の取得による増加を上回ったことにより 149 億円減少しており，前年度比で有形固定資産は 1,052 億円増加し，資産合計も 1,033 億円増加しています。

図表 14-3　京都市（一般会計等）の貸借対照表

貸借対照表（一般会計等）

2020 年 3 月 31 日現在 （単位：百万円）

科　　　　目	金　額	科　　　　目	金　額
【資産の部】		【負債の部】	
固定資産	3,585,793	固定負債	1,575,638
有形固定資産	2,932,522	地方債	1,463,878
事業用資産	1,676,346	長期未払金	－
土地	1,048,570	退職手当引当金	99,287
立木竹	637	損失補填等引当金	1,512
建物	1,427,127	その他	10,962
建物減価償却累計額	△892,149	流動負債	97,010
工作物	180,775	1 年以内償還予定地方債	69,386
工作物減価償却累計額	△104,645	未払金	58
船舶	－	未払費用	－
船舶減価償却累計額	－	前受金	－
浮標等	－	前受収益	265
浮標等減価償却累計額	－	賞与等引当金	11,795
航空機	785	預り金	14,919
航空機減価償却累計額	△785	その他	588
その他	－	負債合計	1,672,649
その他減価償却累計額	－	【純資産の部】	
建設仮勘定	16,031	固定資産等形成分	3,624,022
インフラ資産	1,239,709	余剰分（不足分）	△1,646,037
土地	639,518		
建物	40,282	←純資産変動計算書から	
建物減価償却累計額	△21,037		
工作物	1,542,254		
工作物減価償却累計額	△1,024,680		
その他	－		
その他減価償却累計額	－		
建設仮勘定	9,372		
物品	72,363		
物品減価償却累計額	△55,896		
無形固定資産	10,268		
ソフトウェア	10,265		
その他	3		
投資その他の資産	643,004		
投資及び出資金	464,018		
有価証券	10,578		
出資金	453,440		
その他	－		
投資損失引当金	△1,822		
長期延滞債権	9,068		
長期貸付金	52,415		
基金	120,029		
減債基金	95,596		
その他	24,435		
その他	0		
徴収不能引当金	△703		
流動資産	64,840		
現金預金	17,515	←資金収支計算書から	
未収金	2,654		
短期貸付金	3,092		
基金	41,652		
財政調整基金	0		
減債基金	41,652		
棚卸資産	－		
その他	－	純資産合計	1,977,984
徴収不能引当金	△75		
資産合計	3,650,633	負債及び純資産合計	3,650,633

（出典）　京都市［2021］『京都市の財務書類』をもとに作成。

　負債について金額の大きいものをみてみると，約92%が「地方債」（自治体が長期の資金を調達するために発行する債券）です（うち4%が翌年度償還分）。なお，そのうち3割強は，行政活動を行うための財源不足を補うために発行される市債である「臨時財政対策債」です。臨時財政対策債は，その償還時に国が全額を負担するため，将来の市の負担にはなりません。それを除いても，1兆円を超える金額が市債として計上されているため，長期的にはその返済原資が問題となるかもしれません。ただし，負債の金額は資産合計額に対して，その約46%となっており，保有資産のうち，約46%は将来の負担が必要であるものの，残りの約54%は過去の税収等で支払いが済んでいる（純資産でまかなわれている）ことがわかります。なお，この後者の比率を「純資産比率」（＝純資産額÷総資産額）といい，世代間公平性を測定する指標の1つとされています。

　なお，「統一的な基準」では，純資産の表記が非常にシンプルなものとなりました。「改訂モデル」では，公共資産の整備のために国や都道府県といった上位の政府機関から受け取った補助金等である「公共資産等整備国県補助金等」，「地方税」（自治体が独自に住民に課す租税）や「地方交付税」（地方財政調整のために国から補填される財源）が含まれる「一般財源等」，「資産評価差額」が内訳となっていました。統一的な基準では「固定資産等形成分」（資産形成のために充当した資源の蓄積をいい，原則として金銭以外の形態で保有される部分）と「余剰分（もしくは不足分）」（地方公共団体の費消可能な資源の蓄積をいい，原則として金銭の形態で保有される部分）のみの2区分となっています。過去の税収等の財源がどのようなものであれ，資産形成に役立っている金額がいくらなのかを明らかにすることが目的とされています。なお，純資産の金額が1会計期間でどのように変化したのかについては，後述する「純資産変動計算書」で明らかにされます。

　次に，図表14-4の「行政コスト及び純資産変動計算書」を見てみましょう。京都市は，純行政コストがどのような財源で賄われているかが一目で把握できる3表形式を採用しており，行政コスト計算書と純資産変動計算書を結合した計算書を作成しています。この計算書は，主に経常的な行政コストと，純資産

図表 14-4　京都市（一般会計等）の行政コスト及び純資産変動計算書

行政コスト及び純資産変動計算書（一般会計等）

〔自 2019 年 4 月 1 日　至 2020 年 3 月 31 日〕　　　　（単位：百万円）

科　　目	金　額	
経常費用（A）	655,379	← 《行政活動の規模を示す指標》
業務費用	324,728	
人件費	166,632	
職員給与費	135,127	
賞与等引当金繰入額	11,795	費消された人的資源の量
退職手当引当金繰入額	10,720	
その他	8,990	
物件費等	144,055	
物件費	54,192	
維持補修費	21,543	費消された物的資源の量
減価償却費	68,321	
その他	－	
その他の業務費用	14,040	
支払利息	10,926	
徴収不能引当金繰入額	991	
その他	2,124	
移転費用	330,652	
補助金等	45,753	
社会保障給付	211,012	
他会計への繰出金	72,838	
その他	1,048	
経常収益（B）	32,078	
使用料及び手数料	20,244	
その他	11,833	
純経常行政コスト（C＝A－B）	623,302	
臨時損失（D）	1,633	
災害復旧事業費	1,241	
資産除売却損	286	
投資損失引当金繰入額	104	
損失補償等引当金繰入額	0	
その他	－	
臨時利益（E）	1,189	
資産売却益	76	

科　目	金　額	固定資産等形成分	余剰分（不足分）
その他	1,113		
純行政コスト（F＝C＋D－E）	623,746		623,746
財源（G）	605,521		605,521
税収等	417,624		417,624
国県等補助金	187,897		187,897
本年度差額（H＝F－G）	△18,225		△18,225
固定資産等の変動（内部変動）		△4,887	4,887
有形固定資産等の増加		60,407	△60,407
有形固定資産等の減少		△69,566	69,566
貸付金・基金等の増加		54,485	△54,485
貸付金・基金等の減少		△50,213	50,213
資産評価差額	△1,361	△1,361	
無償所管換等	115,128	115,128	
その他	△737	△4,657	3,920
本年度純資産変動額	94,805	104,222	△9,418
前年度末純資産残高	1,883,179	3,519,799	△1,636,620
本年度末純資産残高	1,977,984	3,624,022	△1,646,037

（出典）　図表 14-3 と同じ。　　　　　　　　　　貸借対照表の純資産の部へ

の変動の双方を計算するものとなっています。なお，3表形式であっても，4表で示される場合の会計情報とまったく違いはありません。

　この計算書は，その名前が示すように，純行政コストを計算する部分と，それを受けて純資産の変動を計算する部分の2つからできています。まず，純経常行政コストを計算するにあたって，会計期間中の費用・収益の取引高を明らかにするため，「経常費用」として，「業務費用」（自治体の業務に関わるもの），「移転費用」（他の主体に移転して効果が出てくるもの）が計上され，それらのサービス提供に対する使用料や手数料が「経常収益」として計上されます。また，業務費用の内訳として，「人件費」，「物件費等」，「その他の業務費用」が計上されます。もちろん，これらのコストにはその期の支出額だけでなく，発生主義会計の考え方により，将来の支払見積額の当期負担額（たとえば，退職手当引当金繰入額や賞与引当金繰入額）や，固定資産の取得原価の当期への費用配分額（減価償却費）も含まれています。

　純経常行政コストの計算をみることで，その会計期間中において，どのような項目にどれくらいのコストが消費されたのかは明らかになります。ただし，市がどのような活動を重視しているのかについては，他の情報を入手しなければわからなくなりました。（行政コスト計算書については，あわせて行政目的別のものを附属明細書として作成することが望ましいとされています。）なお，経常的な行政コスト（6,553億円）に対する使用料等の経常的な収入（320億円）の割合（これを「受益者負担割合」（＝経常収益÷経常費用）といいます）はたったの5%弱に過ぎないため，行政活動の多くは税金等によってまかなわれていることもわかります。

　計算された「純経常行政コスト」に，当会計期間中に生じた「臨時損失」および「臨時利益」が加減算されます。臨時損失には，災害復旧に関する費用である「災害復旧事業費」や資産の売却時の損失である「資産除売却損」などが含まれ，「臨時利益」には資産の売却時の利益である「資産売却益」などが含まれます。

　そして，行政コスト計算書の収支尻として計算される「純行政コスト」は，「純資産変動計算書」に振替えられて，これと連動することになります。3表形式

の場合は，そのまま，純資産の変動の計算が続きます。

　純資産変動計算書は，会計期間中の地方公共団体の純資産の変動，つまり政策形成上の意思決定またはその他の事象による純資産およびその内部構成の変動を明らかにすることを目的として，「純行政コスト」，「財源」，「固定資産等の変動（内部変動）」，「資産評価差額」，「無償所管換等」および「その他」に区分して作成されます。

　まず，純行政コストは，地方税や地方交付税による「税収等」や国や都道府県から補助を受けた金額である「国県等補助金」といった「財源」によって補填され，差額として「本年度差額」が計算されます。なお，この数値がマイナスになっていると，資産形成を伴わずに将来負担が発生している（将来利用できる資産が増えたわけではないのに，将来にツケをまわした）状況を表しています。また，純行政コストを財源の金額で除した値を「行政コスト対税収等比率」といい，資産形成等を行う余力がどの程度あるかという弾力性を測定する指標の 1 つとされています。

　次に計上される「固定資産等の変動（内部変動）」は，「有形固定資産等の増加・減少」，「貸付金・基金等の増加・減少」に分類して表示されます。これらは，文字どおり，固定資産のうち，有形固定資産・無形固定資産，貸付金・基金等の形成による保有資産の増加額（および新規資産への支出額）と償却性資産の減価償却費相当額および除売却による減少額（および売却収入，除却相当額など），貸付金の償還額と基金等の取崩額（および償還・取崩収入額など）が計上されます。この区分に計上される数値は，いずれも純資産の構成要素である「固定資産等形成分」と「余剰分（不足分）」の間での振替えによるものであり，純資産総額には影響しません。

　その下に，有価証券等の評価差額である「資産評価差額」と無償で譲渡または取得した固定資産の評価額である「無償所管換等」の金額が計上され，当会計期間の純資産変動額が計算されます。そして，その金額と前年度末の純資産残高とを合算した本年度末純資産残高は，貸借対照表の純資産の部の金額と連動することになります。

　図表 14-5 の資金収支計算書は，自治体のお金が当期にどのように集められ，

図表 14-5　京都市（一般会計等）の資金収支計算書

資金収支計算書（一般会計等）

自 2019 年 4 月 1 日　至 2020 年 3 月 31 日　　（単位：百万円）

科　　　目	金　　額
【業務活動収支】	
業務支出（A）	588,565
業務費用支出	257,914
人件費支出	169,148
物件費等支出	75,735
支払利息支出	10,926
その他の支出	2,105
移転費用支出	330,652
補助金等支出	45,753
社会保障給付支出	211,012
他会計への繰出支出	72,838
その他の支出	1,048
業務収入（B）	624,299
税収等収入	414,413
国県等補助金収入	175,677
使用料及び手数料収入	20,079
その他の収入	14,131
臨時支出（C）	1,241
災害復旧事業費支出	1,241
その他の支出	－
臨時収入（D）	－
業務活動収支（E＝A－B＋C－D）	34,493
【投資活動収支】	
投資活動支出（F）	145,782
公共施設等整備費支出	59,083
基金積立金支出	47,459
投資及び出資金支出	5,512
貸付金支出	33,728
その他の支出	－
投資活動収入（G）	95,680
国県等補助金収入	12,221
基金取崩収入	46,276
貸付金元金回収収入	36,149
資産売却収入	1,035
その他の収入	－
投資活動収支（H＝F－G）	△50,102
【財務活動収支】	
財務活動支出（H）	192,293
地方債償還支出	191,727
その他の支出	566
財務活動収入（I）	206,860
地方債発行収入	206,460
その他の収入	400
財務活動収支（J＝H－I）	14,567
本年度資金収支額（K＝E＋H＋J）	△1,042
前年度末資金残高	3,628
本年度末資金残高	2,596

前年度末歳計外現金残高	14,732
本年度歳計外現金増減額	187
本年度末歳計外現金残高	14,919
本年度末現金預金残高	17,515

→貸借対照表へ

（出典）　図表 14-3 と同じ。

どのように使われたのかを,「業務活動収支」,「投資活動収支」,「財務活動収支」の3つの区分で説明します。

　業務活動収支では,まず業務支出として人件費支出,物件費等支出,支払利息支出といった行政コスト計算書ではコストの性質別に分類されていた金額が,支出額で計上されます。また,移転費用支出として,補助金等支出,社会保障給付支出,他会計への繰出支出が計上されます。これらの支出の分類は基本的に行政コスト計算書の費用の分類と一致しています。また,業務収入として,地方税等による税収等収入,国県等補助金収入,使用料及び手数料収入が計上されます。そこに,投資・財務の両活動には属さない臨時的な収支が加減算されて,業務活動収支が計算されます。

　投資活動収支では,固定資産等の整備にかかった支出とそれに対応する収入が計上されます。つまり,投資活動支出として,公共施設等整備費支出や基金積立金支出,投資及び出資金支出,貸付金等支出が計上され,投資活動収入としてそれらの支出のための財源となった国県等補助金収入,基金取崩収入,貸付金元金回収収入などが計上されます。差額として計算される「投資活動収支」は,自治体が固定資産等の整備のための要した純額であり,行政活動を行っていくための資産を新たに取得した自治体においては,マイナスになることが多いでしょう。

　財務活動収支では,地方債の償還支出と発行収入をそれぞれ支出・収入として計上します。今日の自治体財政では,地方債償還支出(および関連する支払利息支出といった公債費支出)が,他の政策のための支出を圧迫している(結果として他の政策が行えなくなる)といわれており,全支出額に占める地方債償還支出額の割合に注目することも重要となるでしょう。

　最後に3つの区分の収支額を合計して,当年度の増減額(本年度資金収支額)を明らかにします。この金額に期首の資金残高を加算し,本年度の資金残高を計算します。さらに,計算書の欄外で,本年度末の歳計外現金の残高を加算すると,貸借対照表の流動資産における「現金預金」の額が計算されることになります。

　また,財政の持続可能性に関する指標である「**基礎的財政収支**(プライマリー

バランス)」(=業務活動収支+支払利息支出+投資活動収支)に関する情報が，資金収支計算書に注記されます（ただし，本文では紙幅の都合上，省略しています）。基礎的財政収支は，公債償還額を除いた歳出（当期の支出）と地方債発行額を除いた歳入（当期の収入）のバランスをみるもので，これが均衡しているときは，持続可能な財政運営が行われていることになります。

3.　公会計の会計報告書をどう分析するのか

　会計報告書に何が載っているのかは，ある程度理解できたでしょうから，最後にこれらをどのように分析すればよいのか（どのように読むのか）について説明します。それというのも，報告書から読み取れる情報は，何らかの他の測定結果と比較することによってより適切な解釈が可能となるからです。

　分析の手法としては，①当年度の数値を過年度の数値と比較する「経年比較」，②同一時点において当該団体の数値を類似団体と比較する「類似団体比較」，③指標となる数値の基準値（目標値）と比較する「基準値（目標値）比較」，④行政目的別・事業別・施設別といった区分単位（セグメント）に数値を分解する「セグメント分析」などが一般的です。

　また，分析の視点とその主な指標をまとめれば，図表14-6のとおりです。これらの指標がどのようなものかを調べ，自分の市町村（政府）を，会計数値

図表14-6　分析の視点と主な指標

分析の視点	住民等のニーズ	主な指標
資産形成度	将来世代に残る資産はどれくらいあるか	住民1人当たり資産額，歳入額対資産比率
世代間公平性	世代間の負担の分担は適切か	純資産比率，将来世代負担比率
持続可能性	どれくらい借金があるか	住民1人当たり負債額，基礎的財政収支
効率性	サービスは効率的に提供されているか	住民1人当たり行政コスト
弾力性	資産形成を行う余裕はどれくらいあるか	行政コスト対税収等比率
自律性	受益者負担の水準はどうなっているか	受益者負担の割合

を使ってぜひ分析してみましょう。

《練習問題》

1) 　本文の図表14-3〜5に基づいて，類似団体比較に有用な分析指標である ①「住民1人当たり資産額」，②「住民1人当たり負債額」，③「住民1人当たり行政コスト」の3つを計算してみよう。また，2018（平成30）年度の指標と，経年比較も行ってみよう。なお，①〜③の計算に当たり，京都市の人口は，1,409,702人（2020（令和2）年1月の住民基本台帳に基づく人口）とします。

《参考：2018（平成30）年度の各分析指標》

　　住民1人当たり資産額＝3,547,317百万円÷1,412,570人＝2,511,250円

　　住民1人当たり負債額＝1,664,138百万円÷1,412,570人＝1,178,092円

　　住民1人当たり行政コスト＝605,158百万円÷1,412,570人＝428,409円

2) 　あなたが住んでいる市町村や住んでみたい市町村の「財務4表」を市町村のウェブサイトなどから手に入れて，教科書の財務4表と見比べてみよう。どんな違いがあるでしょうか。グループで話し合ってみよう。また，分析指標を計算してみよう。

《ステップアップ》

　今後の新地方公会計の推進に関する研究会（総務省）［2014］「今後の新地方公会計の推進に関する研究会報告書」。

　総務省［2019］「統一的な基準による地方公会計マニュアル（令和元年8月改訂）」。

第15章

簿記・会計はどこからやってきたの
―簿記・会計史―

本章のポイント

① 今日でも使われている複式簿記の起源について，古代ローマとする説と中世イタリアとする説とがあります。

② 複式簿記がオランダに伝わり，16〜17世紀に期間損益計算が行われるようになりました。

③ 19世紀のイギリスの産業革命によって，鉄道・運河・製鉄等の会社で減価償却が行われるなど，会計が発展しました。

④ フランスで生まれた会社法は，ドイツを経て明治期の日本にも影響を与えました。

⑤ 大恐慌によってアメリカでは会計基準設定の機運が高まり，戦後期の日本の会計制度に影響を与えました。

⑥ 日本では，明治期に西洋から複式簿記や簿記・会計理論がもたらされ，海外の影響を受けながら今日まで発展してきました。

　これまで簿記，財務会計，原価計算，監査，非営利組織会計などのいろいろな会計学のエッセンスを学んできました。これらの会計学や会計制度がどのようにして成り立ち，どのようにして発展してきたのでしょうか。人間の経済社会とその歴史的背景を踏まえながら，会計学や会計制度が歩んできた道について学習しましょう。

1. 光ははじめ 15 世紀に，次いで 19 世紀に射した

　会計の発達の歴史は，人間の経済社会の発展の歴史
でもあります。現在の複式簿記や会計制度,管理会計,
監査などは先人たちの経済活動の結果生み出され，改
良されて現在に至っているのです。

　複式簿記は少なくとも過去 500 年間にわたってその
基本の形を変えず，高度に発達した現代経済において
も，その手法は使われ続けています。詩人でありヴァ
イマル公国の宰相を務めた J. W. ゲーテ（1747-1832）

J. W. ゲーテ

は，小説『ヴィルヘルム・マイスターの修業時代』の一節で複式簿記について
触れています。

　　真の商人の精神ほど広い精神，広くなくてはならない精神を，ぼくはほかに
　知らないね。商売をやってゆくのに，広い視野をあたえてくれるのは，複式簿
　記による整理だ。整理されていればいつでも全体が見渡される。細かしいこと
　でまごまごする必要がなくなる。複式簿記が商人にあたえてくれる利益は計り
　知れないほどだ。人間の精神が産んだ最高の発明の一つだね。立派な経営者は
　誰でも，経営に複式簿記を取り入れるべきなんだ（山浦章甫訳 [2000]『ヴィルヘ
　ルム・マイスターの修業時代（上）』岩波書店，54 頁）。

　また，簿記と会計の発展についてアメリカの会計学者 A. C. リトルトン
（1886-1974）は，『会計発達史』の結びとしてこう著しました。

　　光ははじめ十五世紀に，次いで十九世紀に射したのである。十五世紀の商業
　と貿易の急速な発達にせまられて，人は帳簿記入を複式簿記に発展せしめた。
　時うつって十九世紀にいたるや当時の商業と工業の飛躍的な前進にせまられて，
　人は複式簿記を会計に発展せしめたのであった。だが，それはしょせん，悠久
　なる歴史のひとつの断面であるにすぎない（片野一郎訳 [1978]『リトルトン会計
　発達史（増補版）』同文舘出版，498-499 頁）。

　人間の経済社会の発展の過程で，簿記や会計はどのような進化を遂げてきたのか，それぞれの地域での歴史的な背景を踏まえながらみていきます。

2.　複式簿記以前の記録形態

　簿記や会計というものの定義については諸説ありますが，人間の経済活動を「記録・報告・伝達」する手段や行為であるということがいえそうです。

　人間が生活するうえで遺したさまざまな記録は，文字が発明されるはるか以前から発見されています。いまから約 4 万年前の後期旧石器時代には，フランスのラスコー洞窟やスペインのアルタミラ洞窟などの壁面に描かれた大型動物や人間の手形を確認することがで

A. C. リトルトン

き，狩猟採集社会の文化や生活の一端をみることができます。

　人類の社会生活はやがて狩猟採集社会から農耕社会へと変化します。農業技術の発達に伴って，農産物の計画的生産と保管が可能となり，食糧供給の安定を手にした結果，多くの人口を養うことを可能とする社会進化を遂げました。狩猟採集社会は主に家族単位の社会でしたが，農耕社会では多くの人が土地に定住して社会を形成したことで労働の分化が起こり，集団の中で市場などの経済機構が生み出され，その後に国家が誕生します。

　人類の社会発展のなかで，簿記の原初形態ともいうべき財産管理の記録が，文字以外の方法でみられるようになります。こうしたもののなかには，木材や動物の骨に刻み目を付けたものや，ひも状のものに結び目を付けるなどして，狩りで得た獲物の数や納められた税の記録などに使われていたようです。

　原始的な文字が開発されるようになった以後は，紀元前 3000 年の古代エジプトではパピルス紙に象形文字で，同じ時期の古代メソポタミアでは粘土板に絵文字で書かれた税の記録が確認されています。日本では，天平年間の 730〜739 年にわたって記録された 27 編の「正税帳」と称される各地方の税の収入・

支出を記録した文書が正倉院宝庫に納められて現存しています。また平城京の遺跡からは，長屋王家の米の支給を記録した木簡が出土しています。

　こうした記録は簿記の原初形態といえますが，現代のような組織化された複式簿記の記録管理のシステムにはいまだ至っていません。それでは複式簿記はいつどのようにして成立したのでしょうか。

3. 複式簿記の起源—イタリア

 古代ローマ説

　複式簿記の起源について，主張されている説の1つに，古代ローマ説があります。古代ギリシア・ローマ時代の紀元前8世紀頃から地中海を中心に，いくつもの都市国家が樹立されました。これらの都市国家は，地中海や黒海沿岸において活発な植民活動を行い，ギリシア人世界の版図が拡大されました。ギリシア文明の広がりが海上交易を活発にし，経済の発展とともに商人や農民，職人の力が強まっていきます。

　この頃古代ギリシア文明のなかで，経済発展により力をつけた市民が，支配層である貴族に対して，自分たちを政治へ参加させるよう主張するようになりました。そして紀元前5世紀半ばのアテネでは，貴族政都市国家に替わって，市民全員が参政権と兵役を担う民主政都市国家が誕生します。

　ペルシア戦争を経てペルシア帝国を退けた地中海都市国家群は，さらに植民活動を活発化させ，やがて都市国家同士でも争うことになります。植民活動により支配した植民地や，あるいは戦争の勝利により征服した都市国家から，大量の奴隷を調達しました。そのなかで古代ローマは，紀元前3世紀前半にイタリア半島を統一し，次いで紀元前1世紀後半には地中海世界をほぼ支配下に収めました。古代ローマはたび重なる戦争で広大な領地と，大量の奴隷を手に入れました。

　この頃のローマ市民は，法律により公然と商売を行うことを禁止されていました。そこで商売を禁じられた市民は，優秀な奴隷に商売をさせて富を得ることを考えます。主人である市民は，自身の奴隷が行っている商売の状況を確認するために，市民が奴隷に委託した元手と，その元手を基に商売の結果から得られた現金の増減内容を，帳簿に記録させて報告させました。主人と奴隷の委託と受託の関係が，やがて債権と債務の関係へと発展した結果，複式簿記の起源となったとするのが古代ローマ説です。また，このような主人と代理人（古代ローマの場合は奴隷）による簿記組織は「**代理人簿記**」と呼ばれています。

　しかしながら，この古代ローマ説はあまり支持されていません。なぜなら，当時の会計帳簿に関する史料が不明確で，複式簿記の起源とする証拠を確認することが現在でもできていないからです。もしかすると古代ローマ説は複式簿記の起源の事実かもしれませんが，それを示す確固たる史料が存在しないならば，歴史としては支持されないのです。

 ## 中世イタリア説

　古代ローマ説の他に，中世イタリアを複式簿記の起源とする説があります。

　古代ギリシア時代には，地中海沿岸とエジプト，ペルシアあたりまでがギリシア人によって認識された世界の範囲でした。紀元前 334 年に始まるマケドニア王アレクサンドロス 3 世（BC356-BC323）の東方遠征により，ギリシア人の世界はインドから中国まで一気に広がります。続くローマ時代においては，パクス・ロマーナの時代に航路や道路が整備されて遠隔交易が盛んとなり，ローマへ世界中から人と富とが集まりました。西暦 166 年にはローマ皇帝のマルクス・アウレリウス・アントニヌス（121-180）が，後漢皇帝の桓帝（132-167）へと使者を遣わしており，この時代にはユーラシア大陸の西のローマと東の洛陽とが，陸路や海路によって結ばれていた事実を示しています。西暦 395 年のローマ帝国の東西分裂によってローマ時代は終わりを告げ，ゲルマン人やノルマン人の国家が欧州で台頭していきます。その後欧州のキリスト教国家と中東のイスラム教国家との間で，聖地エルサレムの支配をめぐる争いが生じ，1096

年から9回にわたる十字軍遠征が行われましたが，戦争と共に人や物資が行き交うことで交易がますます盛んになりました。

　地中海からアラビア海にわたって繰り広げられたキリスト教国家とイスラム教国家との争いは，船の建造技術の飛躍的な発展をもたらします。さらに中国で発明された羅針盤が中東を介して欧州へと伝わり，この結果外洋航海が可能となりました。ヴェネツィアやオスマン帝国に地中海貿易を独占されていたスペインやポルトガルは，外洋を経た航海により，アフリカやアジアといった新世界へ交易と植民地を求め，両国を中心として欧州各国が新世界の覇権を巡って互いに争いました。また，ローマ教皇は欧州で当時吹き荒れていた宗教改革運動のプロテスタント勢力への対抗策として，新世界へカトリックの布教を計画します。こうして大航海時代の幕が開きました。

　大航海時代の外洋航海は遭難，疫病，海賊や原住民からの襲撃などのさまざまな危険が伴う反面，莫大な利益をもたらしました。この当時の商人たちがおかれていた状況について，イギリスの劇作家 W. シェークスピア（1564-1616）は，戯曲『ヴェニスの商人』のなかで，物語の敵役である金貸しのシャイロックが，融資を申し込んできた相手である主人公で商人のアントーニオの返済能力を評する台詞の中にそれを見ることができます。

W. シェークスピア

　　（アントーニオが）いい人だと言ったのは，つまり，あの人が支払い能力を認めるという，その私の気持ちを解ってもらいたかったまでの話さ。だが，その財産は目下のところ仮定状態にある…トリポリスに一隻，西インドに一隻，それに取引所に聞いた話では，三隻目をメキシコに，四隻目はイングランドに出しているとか，いや，そのほかにもやたらにあちこちばらまいているらしい。しかしな，船はただの板ですぜ，船乗りはただの人間だ—おまけに陸の鼠に海の鼠，陸の盗人に海の盗人—海賊のことさ—危険はまだある，波，風，暗礁というやつだ…いや，それはそれ，あの男なら間違いはありますまい（福田恆存訳［1967］『ヴェニスの商人』新潮社，27頁）。＊カッコ内は筆者加筆

　結局アントーニオの船はことごとく難破して全財産を失ってしまいました。
13 世紀頃からイタリア商人たちはこのような航海投資の危険を分散させる仕
組みを生み出します。それは個人からの出資をより多く集める契約を結び，投
資失敗に対する危険を分散させる仕組みです。出資者は航海の初めから終わり
までの取引を商人の帳簿に記録させて，その結果の報告を受けるというやりと
りが行われました。こうした出資契約の仕組みが後の株式会社へと発展したと
され，複式簿記はこの大航海時代前後のイタリアで生まれたとするのが中世イ
タリア説です。

　一口に中世イタリア説といっても，どの時代と場所を起源とするかについて，
さらに議論があります。

　もっとも古い時代に当たるのは，フィレンツェを中心とする地方をその起源
とするトスカーナ説です。その中でも，現存する世界最古の帳簿といわれてい
る 1211 年の銀行家の帳簿を複式簿記の起源とする説がありますが，この帳簿
は 4 頁しか現存しておらず，史料的に不十分とする見解も多いようです。また
同じトスカーナ説でも 1296 年から 1305 年にかけてフィレンツェの商人が記録
した帳簿を起源とするものもあります。

　その後の時代では 1340 年のジェノヴァ市政庁の財務官の会計帳簿を起源とす
るジェノヴァ説や，14 世紀後半から 15 世紀前半にかけてのミラノの銀行や商
会の帳簿を複式簿記の起源とするロンヴァルディア説などが主張されています。

　そして 15 世紀から 16 世紀にかけてのヴェネツィアを起源とするヴェネツィ
ア説があります。小説家の塩野七生（1937-）はヴェネツィア説についてこう
記しています。

　簿記がヴェネツィア人の発明によるというのは，伝説である。事実は，トスカー
ナ地方のプラートの商人が考え出したものであるらしい。だが，それを複式に
改良したのはヴェネツィア人であった。一見するだけで商いの全容がわかる複
式簿記は，たちまちジェノヴァやフィレンツェをはじめとする西欧の商人の間
に広まる。彼らの間では，複式簿記は「ヴェネツィアーナ」（ヴェネツィア式）
という通称でよばれた（塩野七生［2009］『海の都の物語　ヴェネツィア共和国の
一千年　2』新潮社，80 頁）。

　ヴェネツィア説は史料となる帳簿の作成年代の遅さから，複式簿記の起源として今日あまり支持されていませんが，この時代に簿記・会計の歴史のなかで金字塔ともいわれるべき本が生まれました。それは，世界最初の簿記書と呼ばれる『算術，幾何，比および比例総覧』（原題を略して『**スンマ**』と呼ばれる）です。この本は題名の通り数学の本でしたが，数学の応用としてヴェネツィア式による複式簿記が紹介されています。

　著者の **L. パチョーリ**（1445-1517）はフランシスコ会の修道僧ですが，幼い頃から数学に親しみ，レオナルド・ダ・ヴィンチ（1452-1519）と幾何学の共同研究も行った数学者でもありました。パチョーリはナポリの大学で教鞭を執っていた 1494 年に『スンマ』を著しましたが，19 歳の時にヴェネツィア商人の家で住み込みの家庭教師を務めていた記録が残っており，パチョーリはこのときに複式簿記を習得したのではな

L. パチョーリ

いかといわれています。複式簿記はパチョーリの書籍に著され，やがて世界に伝播していくこととなります。このためヴェネツィアは複式簿記の完成の地とみられており，パチョーリは今日「複式簿記の父」と呼ばれています。

　今までみてきたように中世イタリアでは，さまざまな複式簿記の発展形態が見ることができます。ちなみに複式簿記の左右をあらわす「借方」「貸方」という用語も中世イタリアの簿記から来ています。自分からお金を借りた（自分が貸した）相手の名前の勘定の左側に金額を記載し，反対に自分にお金を貸してくれた（自分が借りた）相手の名前の勘定の右側に金額を記載したため，左側を「借方」，右側を「貸方」というのです。

4.　期間損益計算の出現―オランダ

　現代では 1 年間の期間で区切って帳簿を締め切り，その期間の損益を計算す

る年度決算が行われていますが，こうした**期間損益計算**の制度はいつ頃から始まったのでしょうか。

　時代は下って17世紀，経済の中心はイタリア等の地中海地域から，北海に面したネーデルラント（現在のベルギー，オランダ，ルクセンブルク）へと移っていきます。ネーデルラントでは15世紀からフランドル地方を中心として商業が発展しました。ウィーダ（1839-1908）の児童文学「フランダースの犬」の舞台として知られるアントウェルペンは，フランドル地方のなかでも毛織物や香料の取引でイギリスとドイツを結ぶ交易の拠点でした。

　当時のネーデルラントはスペインの領土でしたが，独立を目指して16世紀後半の1568年から戦争が起こりました。独立を阻止しようとするスペインは貿易制限や船舶拿捕という手段で経済制裁を実施します。ネーデルラントとこれを支援したイギリスは1588年のアルマダの海戦でスペインと激突します。

　スペインによる経済制裁を受けたネーデルラントは，独自でのアジア航路の開拓に迫られ，1597年にインドネシアのジャワ島への航路開拓に成功しました。ネーデルラントは東南アジアでの香辛料貿易で諸外国に対抗するため，1602年に世界最初の株式会社とよばれる**オランダ東インド会社**を設立します。オランダ東インド会社は東南アジアから日本まで交易の手を広げ，アジア交易でポルトガルやイギリス東インド会社，フランス東インド会社を圧倒しました。こうしてネーデルラントに世界の富が流入し，17世紀に「黄金時代」とよばれる好景気を迎えます。

　ネーデルラントの経済が発展するなかでイタリアの複式簿記が伝わり，その記録計算の進化がみられるようになります。それはネーデルラントの商人，J. インピン（1485？-1540）の簿記書『新しい手引き』（1543）のなかで期間損益計算の概念が登場したことです。

　中世イタリア時代は，たとえば「航海が終わる」までという期間限定的な契約による企業形態をとっていたため，帳簿上では企業の設立から解散までの損益計算が行われていました。しかし，インピンが本を著した16世紀には，各地を自ら移動して交易を行う冒険商人から，都市に店舗を構えてそこを拠点に交易を行う定住商人へと，商人のあり方が変化していきます。定住商人の出現

により，企業は期間限定ではなく，継続性をもつ形態をとるようになっていったため，期間を区切って損益計算を行う必要が生じました。

パチョーリの『スンマ』は帳簿の記録がいっぱいになった時に，古い帳簿から新しい帳簿へと繰り越す方法を解説するに過ぎませんでしたが，インピンの『新しい手引き』は8か月という期間でありながらも，簿記書として初めて期間を区切って帳簿を繰り越して損益を計算する方法を説いたのです。さらにインピンは売上高に対して仕入時の原価ではなく，期末に売れ残った在庫品の価格を調整することによって売上原価を計算する方法を説きました。

今日のように1年を1会計期間として区切って年次決算を行う方法を説いたのが，S. ステヴィン（1548-1620）の『数学的回想録』（1607）です。ステヴィンはネーデルラント総督のオラニエ＝ナッサウ家の家庭教師から，スペイン独立後のネーデルラント連邦共和国の陸軍主計総監になった人物で，数学や物理学の学者としても有名な人物です。ステヴィンはアントウェルペンの商会で帳簿係として勤めていた時期があり，ここで複式簿記を学んだようです。

S. ステヴィン

ステヴィンの『数学的回想録』では1年間で帳簿を締め切るとともに，損益表や状態表という，現在の損益計算書や貸借対照表（もしくは精算表）の原型となる計算書の作成を初めて示し，パチョーリの『スンマ』と並び評されています。

5. 会計の近代化と公認会計士の登場—イギリス

商人の記録管理のための複式簿記が進化を遂げていく過程で，やがて産業革命を契機とする資本投資や産業技術の進化により，財務報告や会計監査という制度が生み出されます。

中世イタリアで生まれた複式簿記は，ネーデルラントを経てイギリスへも伝

わりました。イギリスで現存するもっとも古い複式簿記により記録された帳簿は，ボロメオ商会ロンドン支店の 1436 年から 1439 年にかけてのものです。この記帳はイタリア商人の手によるものでしたが，イギリス人も 16 世紀頃から複式簿記による帳簿を使い始めたとされており，1543 年に H. オールドキャッスル（?-1543）の簿記書が，1553 年に J. ピール（?-1585）の『勘定記録の方法とその様式』がそれぞれ出版されました。

　イギリスはアルマダの海戦でスペインを破り，アメリカやインドへと植民地を拡大しました。植民地の拡大によってイギリスは豊富な資源を獲得し，さらに農業革命による生産技術と人口増加によって，18 世紀半ばから産業革命が起こりました。工場制機械工業による産業の変革によって，紡績や製鉄業での大量生産が行われ，工業製品の輸出が活発化しました。こうして世界経済の中心はイギリスへと移ります。産業革命時代を描いた作品として C. ディケンズ（1812-1870）の『オリバーツイスト』や『クリスマス・キャロル』が有名ですが，ディケンズの父はイギリス海軍で会計係を務めていました。

　イギリスでは産業革命前夜の 1720 年に空前の株式バブルが起こり，バブル崩壊によって多くの破産者が産まれました（南海泡沫事件）。ハノーヴァー朝ジョージ 1 世（1660-1727）期の R. ウォルポール（1676-1745）内閣は株式会社の設立を実質的に禁止するとともに，この事件の中心となった企業の会計記録を詳しく調べてまとめました。その報告書である『ソウルブリッジ商会の帳簿に関する所見』は，公式に認められた世界初の会計監査報告書であるといわれています。

　産業革命以後，産業家たちは機械化による大規模生産を行うために多額の資本を集める必要が生じ，イギリス政府はフランスとの植民地戦争に勝つために，自国の産業を活発化させて資本を集積することへの対応に迫られました。そこでジョージ 4 世（1762-1830）期のリヴァプール伯（1770-1828）内閣は 1825 年に株式会社設立の実質禁止を解きます。その次代のヴィクトリア（1819-1901）期のピール（1788-1850）第二次

ヴィクトリア

内閣は 1844 年に会社法（登記法）を制定させました。この会社法で初めて貸借対照表が規定されます。

18 世紀には運河会社が，19 世紀には鉄道会社が次々に作られ，産業革命は絶頂期を迎えます。高価な機械設備の導入により，購入した価額をその使用期間にわたって費用化する，**減価償却**の概念をもたらしました。1831 年にはリヴァプール・マンチェスター鉄道会社の損益計算書のなかで減価償却が登場します。また商品や固定資産を購入した時の価額ではなく，決算時の時価で評価し直す方法が 16 世紀から 18 世紀のイギリスの簿記書によって説かれるようになり，発生主義会計や原価計算などが誕生して会計が近代化しました。

産業革命によって資本投資が拡大し，それまで主に現金主義によっていた取引が，現金の受け払いだけではなく，時の経過をも認識する発生主義へと発展して複雑化していくと，会計の専門職が現れるようになります。19 世紀後半の 1853 年にスコットランドのエディンバラで世界初の会計士協会が作られ，翌 1854 年にはヴィクトリアの勅許を受けて世界初の公認会計士が誕生したのです。

6. 会社法の誕生—フランス・ドイツ

経済の発展によって取引が複雑化すると，取引の当事者間による争いが時として社会問題化し，国が秩序を維持するための統制を取るようになります。

17 世紀のフランスは，ブルボン朝のルイ 14 世（1638-1715）の下，絶対王政による中央集権制度と重商主義政策を推し進めました。ルイ 14 世の財務総監であった J. B. コルベール（1619-1683）は，税制改正によって内乱と対外戦争で破産寸前だった国家財政を立て直し，海軍力の増強によって南アジアやカリブ海

ルイ 14 世

に植民地を獲得し交易を活発化させました。またコルベールは，産業振興のた

めにフランス国内の産業を保護する一方で，経済秩序の維持のため厳しく取り
締まる政策をとります。J. サヴァリー（1622-1690）は，すべての商人に帳簿
記録を義務付け，破産時にそれを提出できない者は詐欺師として処刑するとし
た『**商事王令**』を，コルベールからの命令により起草します。『商事王令』は
今日の会社法の起源であるといわれており，フランス革命を経てナポレオン 1
世（1769-1821）による『ナポレオン商法典』（1808）へと継承され，フランス
において年次決算が義務付けられるようになりました。

　ドイツでも『商事王令』が伝わり，1794 年に『プロシア普通国法』が制定
されました。その後 1861 年の『**普通ドイツ商法**』に至って，すべての商人に
対して帳簿の作成を義務化します。また『普通ドイツ商法』は，決算における
財産目録と貸借対照表の作成も義務化しました。この時，財産や債権に「付す
べき価値」という文言を巡って論争が生じ，1873 年に帝国高等商事裁判所に
よって「付すべき価値とは決算時点の時価とする」判決が下されますが，これ
を契機に会計の目的や評価を中心として，J. F. シェアー（1846-1924），E. シュ
マーレンバッハ（1873-1955），H. ニックリッシュ（1876-1946）などによる学
説が花開き，ドイツで会計学研究が活発化していきました。

7.　会計基準の誕生―アメリカ

　18 世紀までのアメリカはイギリスの植民地でしたが，やがてフランスやス
ペインの軍事支援を受けて独立戦争を優位に進めました。初代大統領の J. ワ
シントン（1732-1799）は，1776 年に近代民主主義の原点となる「アメリカ独
立宣言」を発表した後，1783 年のパリ条約によってイギリスから独立国家と
して承認を得ました。この頃すでにアメリカには複式簿記が伝わっていたとい
われ，パチョーリの『スンマ』やピールの『勘定記録の方法とその様式』が，
アメリカ国内でも出版されていました。しかし，いまだ金融が未整備で，物々
交換が経済活動の主体であり，通貨制度が安定したのは 19 世紀になってから
であるといわれています。

　1817 年にはニューヨーク証券取引所が組織化して発足し，アメリカ国内での資本活動が活発化します。1848 年に始まる「ゴールドラッシュ」によって移民が欧州中から流入し，その後アメリカは開拓活動を海の外へ向け，1898 年のハワイ併合に始まり，中米やカリブ海諸島，太平洋諸島でアメリカの植民地を拡大させました。

　この間，経済の発展に伴い企業が大規模化していくなかで，1892 年にはアメリカでナショナル・レッド社による世界初の連結財務諸表が公表されています。また，南北戦争が起こる 1860 年前後には商業専門学校が各地で設立されて多くの簿記教科書が出版され，1908 年にはアメリカでの会計学研究の始まりとされる H. R. ハットフィールド（1866-1945）の『近代会計学』が発刊されます。

　1914 年に勃発した第一次世界大戦により欧州は衰退しました。大戦の戦地とならず，武器や車両の輸出で富を得たアメリカが，欧州に代わって世界の工場として経済の中心となります。大都市では高層ビルが次々に建設され，さらに電気の普及によってアメリカ国民の生活は急速に豊かになりました。こうした産業の大規模化の過程で予算システム，標準原価計算，直接原価計算，管理会計に関するさまざまな手法が発明されました。

　好景気に沸いた 1920 年代のアメリカの会計実務は政府が企業に対して寛容な態度をとり，企業の会計を監査すべき会計士が監査先の企業と連携して業務を行うということが一般的でした。そして 1929 年に始まる大恐慌により，財務報告のルールがないために，投資家が投資先の企業の会計情報を把握できないことへの批判が起こります。

　F. ルーズベルト（1882-1945）政権のアメリカ政府は 1933 年に『証券法』を，翌 1934 年に『証券取引所法』を制定させ，証券取引を監視・監督する機関である証券取引委員会が発足しました。証券取引委員会は上場企業が投資家の適正な投資判断ができるように財務諸表を公開し，その財務諸表は独立した公認会計士に会計監査を受けていなければならないことを義務づけました。そして，統一的な会計基準が求められるようになり，アメリカ会計士協会（AIA）が 1938 年に**『会計原則』**を，アメリカ会計学会（AAA）では 1940 年に W. A. ペイトン（1889-1991）とリトルトンの共著による**『会社会計基準序説』**が発表

されました。これはいずれも以前のように時価，とくに資産価格を切り上げる
評価方法を認めずに取得原価で評価する方法によっていました。

　アメリカではその後 1960 年代にインフレーションの影響から，取得原価に
よる評価への批判が起こり，会計上の価値の測定方法に関する研究が盛んとな
ります。1966 年にはアメリカ会計学会が『基礎的会計理論に関する報告書』
を発表し，投資家への情報提供機能に重点を置いた会計の定義を行いました。
1972 年には財務会計基準審議会（FASB）が発足し，今日に至るまでアメリカ
の会計基準の公表を行っています。

8.　日本での簿記・会計の進化

　最後に日本での簿記と会計の発展の歴史をみていきます。

　開国以前の江戸時代の日本の商家は「算用帳」や「大福帳」などとよばれる，
和紙で綴られた帳簿に記録する方法をとっていました。

　日本に複式簿記がもたらされたのは，江戸幕府が倒れて近代国家の歩みを始
めた明治時代のことです。それ以前にも日本との交易を行っていた長崎出島の
オランダ商館ではすでに複式簿記が使われていたといわれていますが，日本人
が複式簿記を使用するようになったのは明治以後のことで，日本企業に徐々に
導入されていきます。

　日本で最初に複式簿記について解説された書は，明治政府が銀行制度設立の
ためにイギリスから招いた A. A. シャンド（1844-1930）の『**銀行簿記精法**』で，
1873（明治 6）年に出版されました。『銀行簿記精法』の編纂者であった大蔵
省紙幣頭の芳川顕正（1842-1920）はその序文で，下記のように記しています。

> 　天下の事会計より重きはなし。経費の多寡此にあらざれば明らかならず。出
> 納の得失此に非れば当たらず。経費の多寡明らかならずして，出納の得失当た
> らずんば天下の事何を以て立つることを得んや（A. A. シャンド［1873］『銀行簿
> 記精法』大蔵省，序文）　※但し原文は旧漢字片仮名遣いであり句読点もない。

『銀行簿記精法』出版の2か月前には**福澤諭吉**（1835-1901）の『**帳合之法**』（初編）が出版されていましたが，初版は複式簿記によるものではなく，複式簿記を取り扱った『帳合之法』（二編）は翌1874（明治7）年に出版されています。1875（明治8）年には現在の一橋大学の前身となる商法講習所が設立され，アメリカからW. C. ホイットニー（1825-1882）が招かれてアメリカ式の簿記教育が行われました。

福澤諭吉

　一方明治政府はドイツより招いた法学者のH. ロエスエル（1834-1894）に『商法草案』を作成させ，1890（明治23）年の第1回帝国議会で，わが国初の『商法』が議決されます。しかしこの商法はさまざまな反対や批判を浴び，1899（明治32）年に大幅な見直しを経て施行されました。会計実務ではイギリスやアメリカの実務が取り入れられる一方で，会計法規はドイツの法律が組み込まれることとなりました。

　公会計では，1881（明治14）年に「会計法」が制定され，政府の予算・決算制度が体系化しました。その翌年の1882（明治15）年の会計法改正を皮切りに，政府会計を整備するための諸規則が定められていきます。また，政府会計の制度とは独立した皇室会計の制度が構想されて，1888（明治21）年に「帝室会計法」，1891（明治24）年に「皇室会計法」，1912（明治45）年に「皇室会計令」が制定されています。明治以後の公会計は政府会計と皇室会計の二本立てにより太平洋戦争終戦まで運用されました。

　日本国内で近代的企業が設立されていくなかで，1927（昭和2）年には日本初の職業会計人を規定する『計理士法』が制定されます。世界恐慌を発端として日本でも国内産業の合理化運動が推進され，1934（昭和9）年には吉田良三（1878-1943）や太田哲三（1889-1970）を中心に，日本初の会計基準となる『**財務諸表準則**』が，1936（昭和11）年には『財産評価準則』が公表されました。また軍需品の適正な調達のために原価計算の必要に迫られますが，陸軍と海軍で異なる原価計算制度が構築されたために，軍需品を製造する企業は取引に応じて双方の計算に対応しなければならない事態が生じました。そのため，1942

（昭和 17）年に原価計算規程の統一化が図られ，それが戦後若干修正され，『原価計算基準』制定まで用いられました。

　1945（昭和 20）年の第 2 次世界大戦の終結後，アメリカの主導によって 1948（昭和 23）年に『証券取引法』と『公認会計士法』が制定され，翌 1949（昭和 24）年には黒澤清（1902-1990）や岩田巌（1905-1955）を中心に作成された『**企業会計原則**』が，1950（昭和 25）年に『監査基準』が公表されます。『企業会計原則』の公表以後，経済の高度発展のなかで日本の会計制度は長い安定期を迎えますが，1997（平成 9）年の『連結財務諸表原則』の改正を皮切りに「会計ビッグバン」とよばれる会計基準の改正が始まります。

　市場のグローバル化が進むなかで，1980 年代以後国際的な財務報告基準の設定の機運が高まりました。そのなかで 2001（平成 13）年に国際会計基準審議会（IASB）が発足し，国際財務報告基準（IFRS）と各国の会計基準との差異の解消が図られました。

　日本でも，金融庁の諮問機関である企業会計審議会から会計基準の設定を引き継いだ企業会計基準委員会（ASBJ）が，2007（平成 19）年に IASB との間で IFRS と日本基準との差異を縮める取り組みを加速化させることに関する「東京合意」を締結しました。

　現在の日本の上場企業が選択できる会計基準として日本基準，米国基準，国際財務報告基準，さらには ASBJ が IFRS を一部修正して設定した修正国際基準（JMIS）が並立した状況となっています。また，中小企業が計算書類を作成するに当たって参照するための『中小会計指針』と『中小会計要領』がそれぞれ公表されており，今後の日本の会計制度の行方が注視されています。

《練習問題》

　簿記や会計の歴史のなかで，とくに興味をもった内容について詳しく調べて
みよう。

《ステップアップ》

　ジェイコブ・ソール著，村井章子訳［2018］『帳簿の世界史』文春文庫。

　友岡賛［1996］『有斐閣アルマ　歴史にふれる会計学』有斐閣。

　野口昌良, 清水泰洋, 中村恒彦, 本間正人, 北浦貴士編［2020］『会計のヒストリー
　　80』中央経済社。

索　引

さ行

248

≪編著者紹介≫

上野　清貴（うえの　きよたか）

1950 年　和歌山県和歌山市に生まれる。
1973 年　中央大学商学部卒業
1980 年　神戸大学大学院経営学研究科博士後期課程単位取得
　　　　　九州産業大学経営学部専任講師，助教授，教授を経て
1994 年　長崎大学経済学部教授
1995 年　博士（経済学）九州大学
2001 年　税理士試験委員（～ 2003 年）
2008 年　中央大学商学部教授
2021 年　松蔭大学経営文化学部教授

（主要著書）
『会計利益測定の構造』同文舘出版，1993 年（日本公認会計士協会学術賞受賞）
『簿記のススメ』（監修）創成社，2012 年（日本簿記学会学会賞受賞）
『会計構造の深層論理　真の複式簿記システムの探求』中央経済社，2020 年（日本簿記学会学会賞受賞）

小野　正芳（おの　まさよし）

1975 年　長崎県佐世保市に生まれる。
1997 年　長崎大学経済学部卒業
2004 年　千葉大学大学院社会文化科学研究科修了（博士（経済学））
　　　　　千葉経済大学経済学部専任講師，准教授，教授を経て
2022 年　日本大学商学部教授

（主要著書）
『27 業種別　簿記・会計の処理と表示』中央経済社，2021 年

2015年 9 月 1 日　初　版　発　行
2017年11月22日　初版 5 刷発行
2018年 2 月20日　第 2 版　発　行
2021年 8 月25日　第 2 版 6 刷発行
2022年 3 月30日　第 3 版　発　行
2024年 3 月10日　第 3 版 4 刷発行　　　　　　　　略称―スタート会計(3)

スタートアップ会計学（第 3 版）

編著者 ©　　上　野　清　貴
　　　　　　小　野　正　芳

発行者　　　中　島　豊　彦

発行所　同 文 舘 出 版 株 式 会 社
　　　　東京都千代田区神田神保町1-41　　　　〒101-0051
　　　　電話　営業(03)3294-1801　　　編集(03)3294-1803
　　　　振替　00100-8-42935　　　https://www.dobunkan.co.jp

Printed in Japan 2022　　　　　　　　製版・印刷・製本：三美印刷
　　　　　　　　　　　　　　　　　　　　　　　　　装丁：オセロ

ISBN978-4-495-20323-8